Inhaltsverzeichnis

W0193701

Windows-Datenschutz-Checkliste

Ein Windows-PC ist kein Flugzeug, bei dem kleine Fehler über Leben oder Tod entscheiden können. Trotzdem können falsche Einstellungen oder riskante Aktionen auch hier tief greifende Folgen für Datenschutz und Datensicherheit haben. Deshalb stelle ich an den Anfang dieses Buches eine Datenschutz-Checkliste. Sie fasst kompakt zusammen, was es in den verschiedenen Bereichen besonders zu beachten gilt, und verweist für ausführlichere Beschreibungen auf die entsprechenden Seiten im Buch.

So können Sie den Istzustand analysieren und schnell erkennen, wo Handlungsbedarf besteht. Außerdem können Sie diese Liste auch später immer mal wieder schnell durchgehen, um sich zu vergewissern, dass Sie immer noch ausreichend geschützt sind. Denn die Datenschutzeinstellungen von Windows haben die unangenehme Eigenschaft, beispielsweise durch Funktions-Updates gern mal verändert bzw. auf ihre eher »gesprächigen« Standardeinstellungen zurückgesetzt zu werden.

☑ Verwenden Sie ein lokales Benutzerkonto? _____ ⇨ Seite 8

☑ Welche Daten hat Microsoft über Sie gespeichert? _____ ⇨ Seite 23

☑ Synchronisiert Ihr Konto unnötige Daten? _____ ⇨ Seite 29

☑ Ist das Windows-Insider-Programm deaktiviert? _____ ⇨ Seite 31

☑ Sind die Windows-Datenschutz-Optionen optimal? _____ ⇨ Seite 34

☑ Ist der App-Zugriff auf Hardware und Daten
beschränkt? _____ ⇨ Seite 46

☑ Verrät der Sperrbildschirm ungewollt vertrauliche
Daten? _____ ⇨ Seite 84

☑ Sucht die lokale Dateisuche auch wirklich nur lokal? ____ ⇨ Seite 88

☑ Sind die Cloud-Funktionen der Windows-Sicherheit
aus? _____ ⇨ Seite 90

☑ Ist der Cloud-Verlauf der Zwischenablage deaktiviert? __ ⇨ Seite 93

☑ Ist Cortana gründlich deaktiviert? _____ ⇨ Seite 95

☑ Sind die Datenschutzlücken der Skype-App dicht? _____ ⇨ Seite 101

☑ Sind die Edge-Einstellungen für Datenschutz optimal? __ ⇨ Seite 104

☑ Wird unerwünschtes Tracking beim Surfen blockiert? ___ ⇨ Seite 118

☑ Gibt es Benutzerprofile für sensible Webaktionen? _____ ⇨ Seite 123

☑ Ist der Application Guard für Edge eingerichtet? _____ ⇨ Seite 125

☑ Sind zusätzliche Tracking-Blocker in Edge installiert? ____ ⇨ Seite 127

☑ Ist die Erweiterung HTTPS Everywhere aktiv? _____ ⇨ Seite 138

☑ Löscht Edge Browserdaten beim Beenden
automatisch? _____ ⇨ Seite 142

☑ Ist 7-Zip zum Verschlüsseln von Daten installiert? _____ ⇨ Seite 144

☑ Ist Boxcryptor für sicheren Cloud-Speicher
eingerichtet? _____ ⇨ Seite 147

1. Datenschutz von Anfang an

Einige für den Datenschutz wichtige Einstellungen können und sollten Sie gleich von Anfang an vornehmen. Dies gilt vor allem, wenn Sie Windows auf einem PC neu installieren. Zwar können Sie diese Einstellungen auch nachträglich verändern und korrigieren. Aber am einfachsten ist es, gleich richtig zu starten.

Microsoft-Konto vs. lokale Anmeldung

Eine ganz grundlegende Entscheidung mit großen Auswirkungen auf den Datenschutz ist die Frage, wie Sie sich bei Ihrem Windows anmelden. Standardmäßig wünscht sich Windows 10 eine Verbindung zu einem Microsoft-Konto. Das beginnt schon bei der Installation, bei der üblicherweise das meistgenutzte Benutzerkonto eingerichtet wird. Hier tut Windows so, als ob es nur eine Anmeldung per Microsoft-Konto gäbe. Die Alternative – nämlich das Anmelden mit einem lokalen Konto ohne jegliche Verbindung zu irgendwelchen Onlinediensten – ist gut versteckt und nur über Umwege möglich.

Ein Microsoft-Konto können Sie bei einem der verschiedenen von Microsoft betriebenen aktuellen oder ehemaligen Onlinedienste wie *outlook.com*, *live.com*, *hotmail.com* usw. haben. Die Namen und die zugrunde liegenden Webdienste unterscheiden sich, aber letztlich läuft es immer auf das Gleiche hinaus. Eine solche Anmeldung mit einem Microsoft-Konto hat durchaus Vorteile, unter anderem:

- Das Konto wird automatisch in allen installierten Microsoft-Apps verwendet, also beispielsweise im Store, für Mail, Kalender, Musik usw. Verwenden Sie beispielsweise die E-Mail-Adresse dieses Kontos, können Sie nach der Anmeldung direkt auf neue Nachrichten zugreifen.

- Eine recht praktische Funktion ist das Synchronisieren des Kontos, auch Roaming genannt. Wenn Sie dasselbe Konto auf mehreren PCs verwenden, werden die Einstellungen zwischen diesen PCs automatisch abgeglichen. Beispiel: Sie wählen auf dem einen PC ein neues Hintergrundbild aus und beim nächsten Anmelden am anderen PC zeigt dieser dasselbe

Hintergrundbild an. Das gilt für viele andere Einstellungen ebenso, etwa eingerichtete WLAN-Zugänge, den Browserverlauf oder die Leseliste mit vorgemerkten Webartikeln.

- Über die Sprachassistentin Cortana lassen sich Informationen über Gerätegrenzen hinweg nutzen. So können Sie sich gefundene Informationen wie etwa Routen direkt auf Ihr Smartphone senden lassen. Allerdings werden eben auch alle Eingaben in Cortana nicht lokal, sondern auf Microsoft-Servern analysiert. So landen alle Ihre Suchen und sonstigen Cortana-bezogenen Eingaben bei Microsoft, auch wenn Sie eigentlich nur lokal in Ihren eigenen Dokumenten suchen wollten.

Der Nachteil eines Microsoft-Kontos in Bezug auf den Datenschutz liegt auf der Hand. Durch dieses Konto lassen sich alle Daten, die von Windows übermittelt werden, einer ganz bestimmten Person zuordnen. Außerdem sind mit einem Microsoft-Konto ganz konkrete persönliche Angaben verbunden, etwa wenn Sie mit diesem Konto schon einmal eingekauft haben, Zahlungsinformationen für den Microsoft Store hinterlegt haben usw.

Wer auf die Funktionen eines Microsoft-Kontos verzichten kann bzw. bereit ist, kleine Einschränkungen hinzunehmen, kann Windows genauso gut mit einem lokalen Konto nutzen. Funktionelle Einschränkungen (über das hier Beschriebene hinaus) gibt es nicht. Dadurch bringt man zwar nicht automatisch alle »Schnüffelfunktionen« von Windows zum Schweigen, aber man sorgt zumindest dafür, dass diese Funktionen nur noch anonyme Daten an Microsoft liefern. Auch diese Anonymität ist relativ, da der Softwarehersteller immer noch alle Daten von einem bestimmten Gerät einander zuordnen kann. Aber diese Zuordnung bezieht sich dann eben erst mal nur auf ein Gerät und nicht auf eine Person und deren Aktivitäten ggf. an mehreren Geräten.

Lokales Konto schon bei der Installation

Das erste Benutzerkonto wird direkt bei der Installation angelegt. Dabei bemüht sich der Assistent, Sie zu einem Microsoft-Konto zu verlocken. Eine Alternative scheint es auf den ersten Blick nicht zu geben. Es ist aber nur ein kleiner Umweg nötig. **Hinweis:** Nutzer der Windows-10-Home-Edition können diesen Umweg leider nicht nutzen und lesen bitte im nachfolgenden Abschnitt weiter.

1 Wenn der Assistent Sie nach der Art der Einrichtung fragt, wählen Sie *Für persönliche Verwendung einrichten*.

2 Wenn der Assistent Sie nach der Adresse Ihres Microsoft-Kontos fragt, klicken Sie links unten auf *Offlinekonto*.

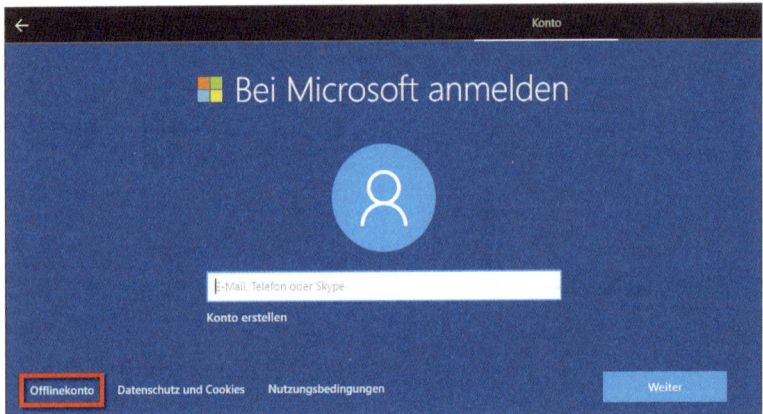

3 Bestätigen Sie dann ggf. die hartnäckigen Hinweise des Assistenten, dass ein Microsoft-Konto besser wäre.

Auch hier muss man wieder genau hinschauen: Das prominent angebotene *Jetzt einsteigen* bringt Sie doch nur zum Microsoft-Konto zurück. Richtig ist ein Klick auf das unscheinbare und irreführende *Eingeschränkte Erfahrung*.

4 So gelangen Sie im nächsten Schritt zu einem Dialog, in dem Sie einen Namen für Ihr Benutzerkonto eintippen können.

5 Anschließend geben Sie (zweimal) das Kennwort an.

6 Dann wählen Sie drei Sicherheitsfragen aus und hinterlegen die dazu passenden Antworten. Diese dienen zum Zurücksetzen des Kennworts für dieses Konto, falls Sie es mal vergessen sollten.

7 Anschließend geht es mit dem Setup-Vorgang ganz normal weiter.

Sonderfall Windows 10 Home

Bei der Windows-10-Home-Edition geht Microsoft noch einen Schritt weiter. Hier wird nicht nur der Eindruck erweckt, dass man kein lokales Benutzerkonto einrichten kann, sondern man kann es tatsächlich nicht. »Offiziell« muss man bei dieser Edition grundsätzlich ein Microsoft-Konto verwenden.

Aber auch hier gibt es einen Trick: So ein Konto funktioniert nun mal nur mit einer bestehenden Internetverbindung. Ohne die kann man kein Onlinekonto anlegen bzw. sich nicht bei einem bestehenden Konto anmelden. Damit Windows trotzdem installiert werden kann, fällt das Setup deshalb in dieser Situation automatisch auf ein lokales Konto zurück.

Sie müssen also nur dafür sorgen, dass Ihr PC während der Windows-Installation keine Internetverbindung hat:

■ Bei einem PC mit klassischem Netzwerkanschluss ziehen Sie am einfachsten das Kabel heraus.

■ Bei einem Mobilgerät mit WLAN überspringen Sie das Einrichten der WLAN-Verbindung zunächst.

Ist die Installation abgeschlossen stecken Sie das Netzwerkkabel wieder ein bzw. holen die WLAN-Anmeldung nach. Sowie Windows wieder online ist, wird es Sie bei verschiedenen Gelegenheiten davon zu überzeugen versuchen, dass ein Microsoft-Konto viele Vorteile hat und Sie das lokale Konto doch noch darauf umstellen sollen. Ignorieren Sie diese Bemühungen einfach. Irgendwann gibt Windows auf und Sie können Ihr lokales Konto ungestört verwenden.

Datenschutzeinstellungen während der Installation

Im weiteren Verlauf der Windows-Installation zeigt der Assistent eine Reihe von Dialogen mit einigen grundlegenden Datenschutzeinstellungen an. Das gilt sowohl für eine Neuinstallation als auch für die regelmäßigen Funktions-Updates. Da man Installation bzw. Update schnell hinter sich bringen möchte, ist es verführerisch, diese Dialoge einfach »abzunicken«. Dann aber hat man am Ende ein eher gesprächiges Windows, das man dann mühsam nachträglich wieder zum Schweigen bringen muss.

Besser ist es deshalb, genau hinzuschauen und nur die Optionen eingeschaltet zu lassen, die man selbst wünscht. Wobei man keinen Fehler macht, wenn man hier erst mal alles abschaltet bzw. überspringt. Einzelne Einstellungen kann man später ggf. immer noch reaktivieren.

Die nachfolgenden Abschnitte erläutern die verschiedenen Dialoge und ihre Bedeutung. Die Reihenfolge kann bei Ihrer Installation abweichen, da Microsoft diese gelegentlich verändert.

Spracheingaben

Wer ohnehin nicht per Spracherkennung steuern oder diktieren möchte, kann auf die Online-Spracherkennung getrost verzichten. Aber selbst wenn Sie Cortana und die Spracherkennung nutzen möchten, müssen Sie diese Funktion nicht aktiviert lassen. Windows kann Ihre gesprochene Sprache auch komplett »offline« analysieren und erkennen.

Die Online-Spracherkennung dient nur dazu, Ihre Spracheingaben bei Cortana und anderen Apps an Microsoft zu übermitteln, wo sie statistisch ausgewertet und für die Weiterentwicklung der Spracherkennung genutzt werden.

Standort

Bei mobilen Geräten mag es sinnvoll sein, Windows und Apps jeweils auf den aktuellen Standort zugreifen zu lassen. Bei einem fest installierten Desktop-Rechner aber ist diese Information überflüssig. Und selbst wenn in Ihrem PC gar kein GPS-Empfänger vorhanden ist, sollten Sie diese Einstellung nicht leichtfertig übergehen. Denn neben einer GPS-Ortung (wenn vorhanden) verwendet Windows auch bekannte WLAN-Netzwerke in der Umgebung, Mobilfunksender (bei vorhandener GSM-Hardware) sowie die IP-Adresse des PCs.

Und es nutzt diese Information nicht nur selbst, sondern stellt sie ggf. auch anderen Apps zur Verfügung (siehe Seite 46).

Gerätesuche

Die Gerätesuche kann hilfreich sein, wenn man beispielsweise ein Notebook verloren bzw. vergessen hat oder es womöglich gestohlen wurde. Das funktioniert allerdings nur, wenn die Standortermittlung aktiviert wurde. Und man benötigt dafür ein Microsoft-Konto, mit dem man sich im Fall des Verlustes bei Microsoft anmelden und den letzten bekannten Standort des Gerätes abfragen kann. Für einen typischen Desktop-PC ohne GPS-Empfänger wird man diese Funktion ohnehin eher nicht benötigen. Bei einem Mobilgerät kann man darüber nachdenken, ob man bereit ist, diese Vorbedingungen in Kauf zu nehmen.

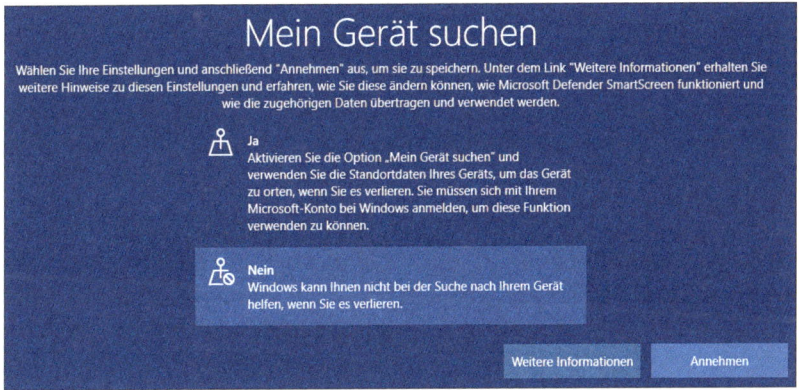

Diagnosedaten

Windows kann eine Vielzahl von Telemetriedaten an Microsoft senden, aus denen sich letztlich ganz genau rekonstruieren lässt, wann, wie oft, wie lange und vor allem wofür Sie Ihren PC verwenden. Microsoft macht geltend, dass diese Daten anonym behandelt werden und der ständigen Optimierung und Anpassung von Windows an die Kundenbedürfnisse dienen (mehr dazu auf Seite 38). Man selbst hat davon allerdings bestenfalls indirekt etwas, wenn man davon ausgeht, dass Windows insgesamt durch diese Rückmeldungen verbessert wird. Wählen Sie hier *Vollständig*, sendet Windows ein Maximum an Daten über Ihren PC, die beispielsweise im Fall von Fehlermeldungen sogar Teile Ihrer Dokumente umfassen können. Mit *Einfach* reduziert sich das immerhin auf gewisse Basisdaten und das Übermitteln von Dokumenten wird unterbunden.

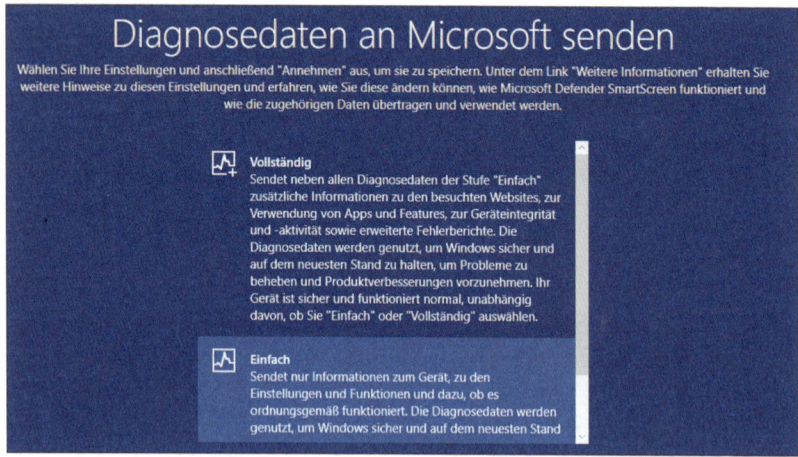

Eingabeerkennung

Vorschläge zur Autovervollständigung, Korrekturen von Tippfehlern oder das zuverlässige Erkennen von Sprach- und Stifteingabe sind praktische Funktionen. Sie erfordern aber, dass jedes eingegebene Wort an Microsoft übermittelt und dort verarbeitet wird. Laut Microsoft werden die dabei entstehenden Daten in ausreichend kleine Portionen zerlegt, um persönliche Informationen nicht dem Sinn nach erfassen zu können. Bei kurzen Eingaben wie Namen oder E-Mail-Adressen scheint das aber kaum realistisch zu sein. Und wichtig: Die entsprechenden Funktionen lassen sich auch so nutzen. Das Übermitteln dient nur dazu, diese Dienste kontinuierlich zu verbessern (laut Microsoft).

Geräteübergreifender Aktivitätsverlauf

Der Aktivitätsverlauf von Windows merkt sich, welche Anwendung bzw. Dokumente Sie öffnen und welche Webseiten Sie besuchen. So können Sie – mit ⊞+🗗 – jederzeit eine Übersicht der letzten Aktivitäten abrufen und schnell zu einer davon zurückkehren. Wenn Sie auf mehreren Geräten dasselbe Microsoft-Konto verwenden, kann dieser Verlauf geräteübergreifend sein. Sie können also beispielsweise am Tablet auf dem Sofa ganz entspannt eine Webseite lesen, die Sie zuvor am Schreibtisch-PC entdeckt haben.

Datenschutztechnisch sind dabei zwei Dinge bedenklich:

- ▪ Zum einen werden alle Ihre Aktivitäten über die Microsoft-Cloud synchronisiert und man muss sich darauf verlassen, dass sie dort nicht zweckentfremdet werden.

- ▪ Zum anderen kann es problematisch sein, wenn Sie Ihre Geräte mit anderen Personen teilen, da diese dann in ihrem Verlauf genau Ihre Aktivitäten verfolgen können (und umgekehrt).

Solange Sie diese Funktion nicht praktisch einsetzen möchten, sollten Sie also lieber darauf verzichten.

Cortana

Cortana ist Microsofts Gegenstück zu Alexa, Siri & Co. – eine Sprachassistentin, die man in natürlicher Sprache befragen und beauftragen kann.

Wie bei allen Sprachassistenten erfolgt die eigentliche Spracherkennung dabei auf leistungsfähigen Servern im Internet. Ihre Sprachdaten und deren Analyse werden also zwangsläufig in die Cloud hochgeladen und dort verarbeitet. Wer das nicht braucht oder will, sollte an der Stelle direkt *Jetzt nicht* wählen. Mehr zum Thema Cortana lesen Sie auf Seite 95.

Installation schon erledigt?

Sie haben die Installation schon längst erledigt und sind nicht sicher, ob Sie die richtigen Einstellungen gewählt haben? Oder Sie wollen einzelne Einstellungen nachträglich richtigstellen? Kein Problem, denn keine dieser Optionen ist für die Ewigkeit. In den Windows-Datenschutzeinstellungen, die Sie in Kapitel 3 ausführlich vorgestellt finden, können Sie auch alle Entscheidungen aus der Installationsphase wiederfinden – wenn auch über verschiedene Menüs und Dialoge verteilt. Dort können Sie sich jederzeit anders entscheiden.

Microsoft-Konto auf lokale Anmeldung umstellen

Falls Sie sich von Windows bereits zu einem Microsoft-Konto haben verleiten lassen, ist das kein großes Problem. Erfreulicherweise erlaubt Windows es, diese Entscheidung rückgängig zu machen und die Anmeldung auf lokale Zugangsdaten umzustellen. Ihre Dateien und Einstellungen werden dadurch nicht beeinträchtigt. Lediglich Apps, die bislang von der zentralen Anmeldung profitiert haben, funktionieren nun ggf. nicht mehr, was aber vielleicht sogar gewollt ist. In den einzelnen Apps, die Sie nutzen möchten, können Sie das Microsoft-Konto anschließend wieder nur für die jeweilige App aktivieren.

1 Öffnen Sie die *Einstellungen* Ihres Windows-PCs und rufen Sie dort die Kategorie *Konten/Ihre Infos* auf.

2 Hier finden Sie rechts Ihr eigenes Microsoft-Konto. Klicken Sie darunter auf den Link *Stattdessen mit einem lokalen Konto anmelden*.

3 Geben Sie anschließend das Kennwort Ihres Microsoft-Kontos zur Authentifizierung ein.

4 Nun können Sie wiederum ein lokales Konto mit Benutzername, Kennwort und Kennworthinweis erstellen.

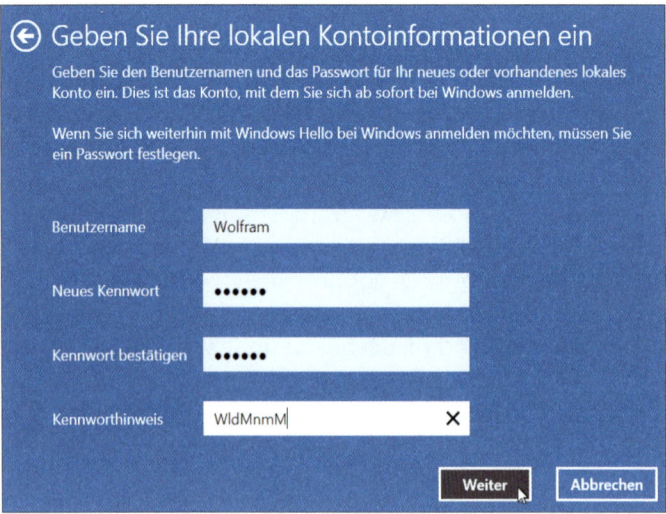

5 Klicken Sie dann auf *Weiter* und anschließend auf *Abmelden und fertig stellen* (wenn alle eventuell geöffneten Dokumente gespeichert sind).

Windows meldet Sie dann ab. Anschließend können Sie sich mit dem lokalen Konto anmelden. Beachten Sie, dass die mit dem Microsoft-Konto erhobenen Daten damit nicht automatisch gelöscht werden, denn das Konto an sich existiert weiter. Auf Seite 23 finden Sie Hinweise, wie Sie die mit dem Konto verknüpften Daten kontrollieren und ggf. löschen können.

Weitere lokale Konten anlegen

Auch beim Anlegen weiterer Benutzerkonten etwa für Familienmitglieder führt Windows Sie zielsicher zu einem Microsoft-Konto. Wozu man sagen sollte, dass es durchaus Vorteile haben kann, etwa für Kinder Microsoft-Konten anzulegen. Nur so lassen sich für diese Konten spezielle Funktionen etwa zum Kinder- und Jugendschutz nutzen. Wer aber auf Datenschutz Wert legt, den wird das wohl nicht überzeugen, insbesondere weil sich solche Schutzfunktionen auch auf anderen Wegen, etwa durch Zusatzsoftware, realisieren lassen.

1 Öffnen Sie in den Windows-Einstellungen die Kategorie *Konten* und dort die Untergruppe *Familie und andere Benutzer*.

2 Nun wäre es naheliegend, ein *Familienmitglied hinzufügen* zu lassen. Dies würde aber das Anlegen eines weiteren Microsoft-Kontos bedeuten.

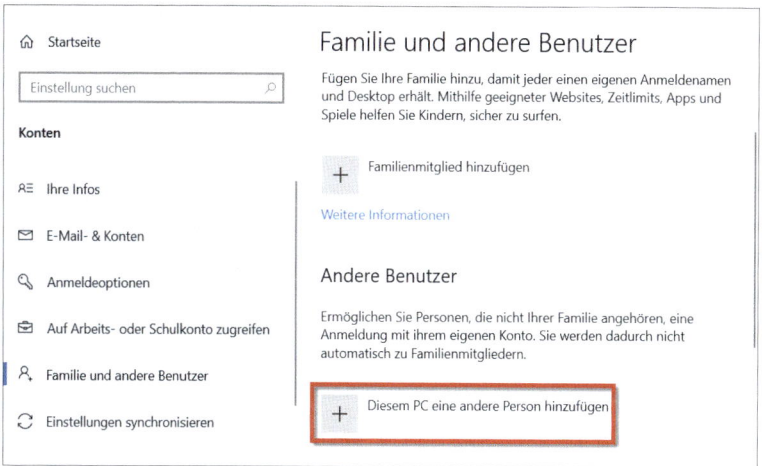

Wählen Sie stattdessen besser unter *Andere Benutzer* die Funktion *Diesem PC eine andere Person hinzufügen*.

3 Um ein lokales Benutzerkonto anzu- legen, wählen Sie dann erst unten *Ich kenne die Anmeldeinformationen dieser Person nicht* und im nächsten Schritt *Benutzer ohne Microsoft-Kon- to hinzufügen*.

4 Anschließend geben Sie Name und Kennwort für den neuen Benutzer an. Außerdem müssen Sie mehre- re Sicherheitsfragen mit Antworten hinterlegen, mit denen Sie das Kennwort zurücksetzen können, falls Sie es irgendwann vergessen sollten. Tippen Sie dann unten auf *Weiter*. An- schließend gelangen Sie zurück in die Kontenübersicht, in der das neue Benutzerkonto schon direkt aufgeführt wird.

Microsoft–Konto nur in einzelnen Apps

Wenn Sie Ihre Windows-Anmeldung auf ein lokales Konto umgestellt haben, werden Sie ggf. feststellen, dass einige Apps nicht mehr ohne Weiteres funktionieren. Das gilt für alle Apps, die ebenfalls mit diesem Konto verbunden sind, etwa die Store-App, *Mail*, *Kalender*, *OneDrive* usw.

Das ist kein großes Problem. Wenn Sie diese Apps weiterhin nutzen möchten, können Sie bei jeder App einzeln das zu verwendende Microsoft-Konto einrichten. Wichtig ist dabei die richtige Vorgehensweise, um wirklich nur die einzelne App und nicht doch wieder Ihr gesamtes Windows mit dem Microsoft-Konto zu verknüpfen.

1 Wenn eine App auf ein Microsoft-Konto angewiesen ist, meldet sie sich automatisch – entweder direkt beim Start oder spätestens, wenn Sie eine Funktion aufrufen, die sich nur mit Onlineanmeldung nutzen lässt. Alternativ können Sie diesen Vorgang auch jederzeit anstoßen, beispielsweise bei der Store-App, indem Sie oben links neben dem Suchfeld auf das Benutzersymbol klicken und im Menü *Anmelden* wählen.

2 Geben Sie anschließend die E-Mail-Adresse und das Kennwort Ihres Microsoft-Kontos ein.

3 Wichtig ist der nächste Schritt *Dieses Konto überall auf Ihrem Gerät verwenden*. Wenn Sie hier auf *Weiter* klicken, stellen Sie die Windows-Anmeldung komplett von einem lokalen Benutzerkonto auf das angegebene Microsoft-Konto um!

4 Wenn Sie dies nicht wollen, klicken Sie stattdessen auf das dezente *Nur Microsoft-Apps*. Dann wird das Konto nur mit dieser App verknüpft und für Windows insgesamt bleibt es bei der lokalen Benutzeranmeldung.

Diese Anmeldung muss pro App nur einmal vorgenommen werden und wird dann gespeichert, bis Sie sich bewusst wieder abmelden. Sie gilt aber eben auch nur für diese eine App und nicht für alle oder gar für Windows insgesamt.

Dabei gibt es allerdings Ausnahmen wie die Mail- sowie die Kalender-App. Wenn Sie eine dieser beiden Apps mit einem Microsoft-Konto verbinden, gilt dies automatisch auch für die andere App. Sie können aber in diesem Fall bei Bedarf die andere App zumindest so konfigurieren, dass sie dieses Konto nicht synchronisiert.

2. Kontrolle über Ihre Daten

Falls Sie sich erst jetzt intensiver mit dem Thema Datenschutz auseinander-setzen, sollten Sie eine Bestandsaufnahme machen. Welche Daten haben Sie in der Vergangenheit preisgegeben und welche Schritte sind nötig, um in Zukunft sparsamer mit eigenen Daten umzugehen? Gerade die Analyse, wie umfangreich Windows mit Standardeinstellungen Daten sammelt, kann anfangs erschreckend sein.

Diese Daten erfasst Microsoft über Sie

Wenn Sie Ihren Windows-PC und/oder andere Geräte mit einem Microsoft-Konto verwenden, erfasst Microsoft eine Vielzahl von Daten. Immerhin gibt sich der Softwareriese aber so transparent, dass er Ihnen verrät, welche Daten das genau sind (was aber nicht zuletzt an den eher verbraucherfreundlichen europäischen Datenschutzgesetzen liegt). Das gibt jedem die Möglichkeit, sich selbst ein Bild von der Datensammelwut sowie ggf. von der Effektivität der vorgenommenen Einstellungen zu machen.

Sie benötigen dazu lediglich einen Webbrowser und die Zugangsdaten Ih-res Microsoft-Kontos:

1 Öffnen Sie im Browser die Adresse login.live.com.

2 Wird hier ein *Anmelden*-Dialog angezeigt, tippen Sie zunächst Ihre Benut-zerkennung (eine E-Mail-Adresse, Telefonnummer oder ein Skype-Konto) ein, gefolgt vom dazugehöri-gen Passwort.

3 Nach erfolgreicher Anmeldung klicken Sie in der Menüzeile oben auf *Datenschutz*. Eventuell müssen Sie hierzu zusätzlich Ihre Identität per SMS-Textnachricht oder E-Mail bestätigen.

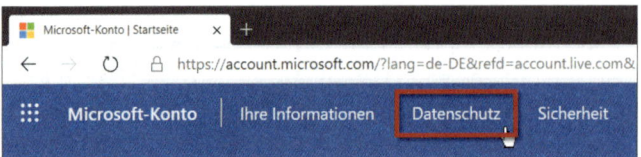

4 Damit öffnen Sie die Datenschutz-Übersicht Ihres Microsoft-Kontos, wo Sie in verschiedenen Abschnitten wie *Browserverlauf*, *Suchverlauf*, *Standort-Aktivität* oder *Sprachaktivität* kontrollieren können, welche Daten Microsoft bislang von Ihnen erhoben hat.

5 So zeigt Ihnen der Standortverlauf auf einer Kartenkachel, wann Sie Ihr(e) Gerät(e) wo verwendet haben.

6 Aber Sie können Daten hier nicht nur betrachten, sondern auch löschen. Klicken Sie dazu oberhalb der Liste rechts auf *Aktionen* und dann *Aktivität löschen*. Das empfiehlt sich insbesondere, wenn Sie Ihr Windows mit den Empfehlungen in diesem Buch datensparsamer konfiguriert haben und nun die »Altlasten« loswerden möchten.

7 Microsoft warnt Sie dann zwar vor den Auswirkungen dieses Schrittes, aber das können Sie ignorieren und fortfahren. Beachten Sie bitte, dass Sie die letzten beiden Schritte für jede Art von Aktivität (Browserverlauf, Suchverlauf, Standortverlauf usw.) wiederholen müssen.

Telemetrie im Diagnostic Data Viewer überwachen

Wohl um zu demonstrieren, dass Microsoft es mit dem Datenschutz nun wirklich ernst meint, stellt der Softwareriese seinen Anwendern seit Kurzem eine App zur Verfügung, mit der man den Abfluss von Diagnosedaten vom eigenen PC gen Microsoft überwachen kann. So kann man die Auswirkungen der verschiedenen datenschutzbezogenen Optionen hautnah verfolgen.

Den Diagnostic Data Viewer installieren

Das Programm nennt sich *Diagnostic Data Viewer* und kann aus dem Microsoft Store heruntergeladen werden. Bemühen Sie dort die Suchfunktion, um die App zu finden (»Diagnostic« sollte als Suchbegriff reichen). Auf der Detailseite der App brauchen Sie dann nur noch auf *Installieren* zu klicken.

Einblick in die übermittelten Daten

Nach dem Herunterladen können Sie die App direkt starten.

1 Sollte Windows sich dabei beschweren, dass die Anzeige von Diagnosedaten nicht aktiviert ist, können Sie direkt *Zu Datenschutzeinstellungen wechseln* und das nachholen.

2 Gehen Sie dazu in den *Diagnose und Feedback*-Einstellungen nach unten zum Abschnitt *Diagnosedaten anzeigen* und schalten Sie diese *Ein*.

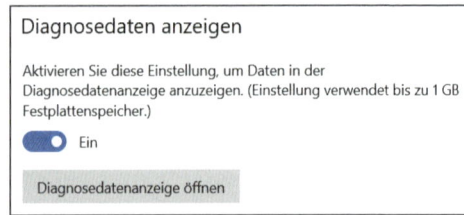

3 Anschließend liefert die Diagnosedatenanzeige ständig neue Ereignisse, die Sie jeweils per Klick auf die kreisförmige *Aktualisieren*-Schaltfläche oben neben dem Suchfeld importieren können.

4 Die Ereignisse sehen Sie links als lange Liste, wobei jeweils der Urheber des Ereignisses angegeben ist.

5 Klicken Sie einen der Einträge an, wird rechts der übermittelte Inhalt angezeigt.

An dieser Stelle könnte sich Enttäuschung breitmachen, denn die Daten werden »im Original« und somit in einer für Maschinen gut, aber für Menschen umso schlechter lesbaren Form angezeigt. Trotzdem:

- Interessant ist schon mal die Menge an Daten insgesamt. Wenn Sie ein Weilchen abwarten (und nichts am Rechner tun), werden Sie feststellen, dass Windows selbst dann munter Daten erzeugt und übermittelt. Und auch jeder Start einer Anwendung erzeugt weitere Datenpakete.

- Für weitere Recherchen ist die Suchhilfe praktisch. Wenn Sie beispielsweise eine Seite im Edge-Browser öffnen und anschließend in der Diagnosedatenanzeige nach dem Namen der Seite suchen, werden Sie höchstwahrscheinlich einige Treffer landen, weil Edge Ihren Surfbesuch direkt an Microsoft weitergemeldet hat.

Die Datenausgabe filtern

Die recht umfangreiche Datenausgabe lässt sich durch verschiedene Filter beschränken. Klicken Sie dazu links neben dem Suchen-Feld auf das Filtersymbol, um die Filtereinstellungen im Seitenbereich anzuzeigen. Dort finden Sie verschiedene Themenbereiche, auf die Sie die Datenausgabe konzentrieren können:

- *Nur Basisdaten anzeigen:* Hiermit schalten Sie einen sparsamen Modus ein, in dem nur grundlegende Daten angezeigt und Details ausgespart werden.

- *Browserverlauf:* Dieser Filter zeigt alle Übermittlungen an, die mit besuchten Webseiten zu tun haben.

- *Gerätekonnektivität und -konfiguration:* Ein Filter für Informationen über vorhandene und verbundene Geräte und deren Einstellungen.

- *Freihand, Eingabe und Sprache:* Alles, was mit dem Eingeben von Text per Tastatur, Sprache oder Stift zu tun hat.

- *Leistung von Produkten und Diensten:* Dieser Filter beschränkt sich auf Informationen über Apps, Anwendungen und Dienste, die auf Ihrem PC aktiv sind, wobei es nur darum geht, ob und wie stabil diese laufen.

- *Nutzung von Produkten und Diensten:* In Abgrenzung vom vorherigen Bereich geht es hier darum,

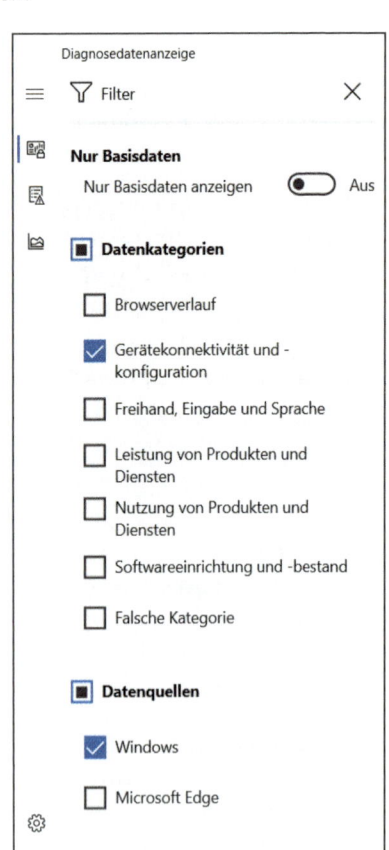

was mit den vorhandenen Anwendungen und Diensten inhaltlich gemacht wird, also wann, wie oft und für welche Zwecke sie eingesetzt werden.

- *Softwareeinrichtung und -bestand:* Informationen zur vorhandenen Softwareausstattung und zu Installations- und Deinstallationsprozeduren.

- *Falsche Kategorie:* Hier dürften Einträge landen, die sich keiner der anderen Kategorien zuordnen lassen.

- Außerdem können Sie ggf. bei den *Datenquellen* zwischen *Windows* und *Microsoft Edge* unterscheiden. Das kann hilfreich sein, wenn Sie beispielsweise nur die Daten sehen möchten, die Edge an Microsoft übermittelt.

Sie können mehrere Filter kombinieren, indem Sie sie nacheinander anklicken. Durch erneutes Anklicken wird ein Filter wieder deaktiviert. Und nur um Missverständnissen vorzubeugen: Die Filter der Diagnosedatenanzeige beziehen sich nur auf die Darstellung der Daten in der App. Sie wirken sich nicht auf die tatsächlich übertragenen Daten aus.

Was Ihr Microsoft-Konto synchronisiert

Das Verwenden eines Microsoft-Kontos und Datenschutz bzw. Privatsphäre schließen sich nicht aus. Sie können ein Microsoft-Konto verwenden und trotzdem viele der in diesem Ratgeber beschriebenen Optionen deaktivieren bzw. im Sinne von Datenschutz und Privatsphäre einstellen. Es ist also keineswegs so, dass Sie bei Verwenden eines Microsoft-Kontos Windows ohnehin schutzlos ausgeliefert wären oder dass das Verwenden eines lokalen Kontos weitere Einstellungen überflüssig machen würde. Aber mit jedem Microsoft-Konto ist eine Reihe von Synchronisierungseinstellungen verbunden, die das nahtlose »Roaming« zwischen verschiedenen PCs und Mobilgeräten erlauben.

Bei diesem Roaming werden Daten zwischen den Geräten ausgetauscht, bei denen Sie sich mit demselben Microsoft-Konto anmelden. Dieser Austausch erfolgt aber per Zwischenspeicherung auf Microsoft-Servern, denn sonst wäre das Synchronisieren ja immer nur möglich, wenn beide Geräte zur gleichen Zeit eingeschaltet und online sind. Alle synchronisierten Daten fließen also auf Microsoft-Server ab.

Und auch, wenn Sie das Microsoft-Konto nur auf einem einzigen PC benutzen, also gar keine Notwendigkeit für das Synchronisieren besteht, sollten Sie davon ausgehen, dass Microsoft solche Daten auf seine Server zieht. Denn Sie könnten ja jederzeit ein weiteres Gerät in Betrieb nehmen, und dann sollen die Daten sofort zur Verfügung stehen.

Wollen Sie also bei Verwendung eines Microsoft-Kontos das Transferieren von Synchronisierungsdaten auf Microsoft-Server verhindern, können Sie das nur aktiv durch Festlegen der dazugehörenden Optionen erreichen.

1 Öffnen Sie dazu in den *Einstellungen* Ihres PCs die Kategorie *Konten/Einstellungen synchronisieren*.

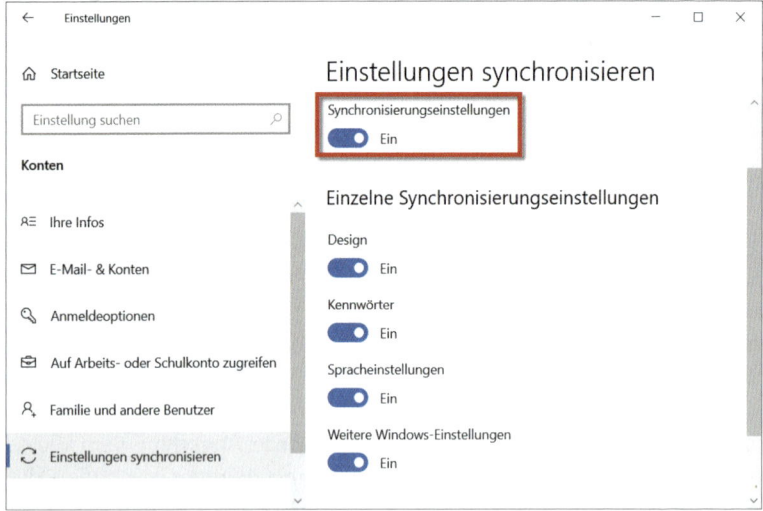

2 Hier können Sie die Roaming-Funktion mit dem obersten Schalter *Synchronisierungseinstellungen* pauschal ein- oder ausschalten. Wollen Sie gar nichts synchronisieren, gehört dieser also auf *Aus*.

3 Alternativ können Sie Roaming prinzipiell zulassen, aber mit den Optionen darunter steuern, was genau synchronisiert werden soll. So können Sie etwa »harmlose« Dinge wie das *Design* Ihres Desktops abgleichen lassen, aber sensiblere Daten wie *Kennwörter* deaktivieren.

Das Profilbild Ihres Microsoft-Kontos

Wenn Sie Windows mit einem Microsoft-Konto nutzen, können Sie dafür ein Profilbild erstellen, das im Anmeldedialog, im Startmenü usw. angezeigt wird. Seit dem Windows-10-Funktions-Update 2004 wird dieses Profilbild auch mit dem Microsoft-Konto an sich synchronisiert. Wenn Sie auf Ihrem PC ein neues Profilbild festlegen, wird dieses also automatisch auch bei den diversen Microsoft-Webdiensten verwendet, die mit diesem Konto verknüpft sind.

Das kann eine praktische Erleichterung sein. Andererseits bedeutet es, dass dieses Profilbild nun auch von anderen Benutzern gesehen wird, wenn Sie Inhalte teilen, an Foren teilnehmen usw. Das sollte man bei der Auswahl des Profilbildes in Zukunft bedenken.

Das Windows-Insider-Programm

Sehr viel beigetragen zum schlechten Ruf von Windows 10 in Bezug auf Datenschutz hat das Windows-Insider-Programm, durch das jeder Interessierte schon früh Vorabversionen aus der aktuellen Weiterentwicklung von

Windows beziehen kann, um diese zu testen, sich zu informieren oder eben neue Funktionen schon frühzeitig nutzen zu können.

Die Teilnahme am Insider-Programm kostet kein Geld, aber sie ist nicht umsonst. Wer mitmachen möchte, bezahlt mit Daten, denn in den Insider-Previews erhebt Microsoft eine Vielzahl von Informationen bis hin zum Inhalt eingetippter Texte. Diese werden an Server des Softwarekonzerns übermittelt und dienen der Überwachung und statistischen Auswertung des Insider-Programms, aber auch dem Nachstellen konkreter Fehlersituationen.

Wer am Insider-Programm teilnehmen möchte, muss dieser Übermittlung in den Teilnahmebedingungen zustimmen. Und längst nicht alle diese Telemetrie-Funktionen lassen sich abschalten.

Sehr deutlich wird dies in den *Einstellungen* bei *Datenschutz/Diagnose und Feedback*: Beim regulären Windows kann man hier im Abschnitt *Feedbackhäufigkeit* steuern, wie oft Feedback-Informationen angefordert werden dürfen. Und wer das gar nicht möchte, der kann hier sogar *Nie* wählen.

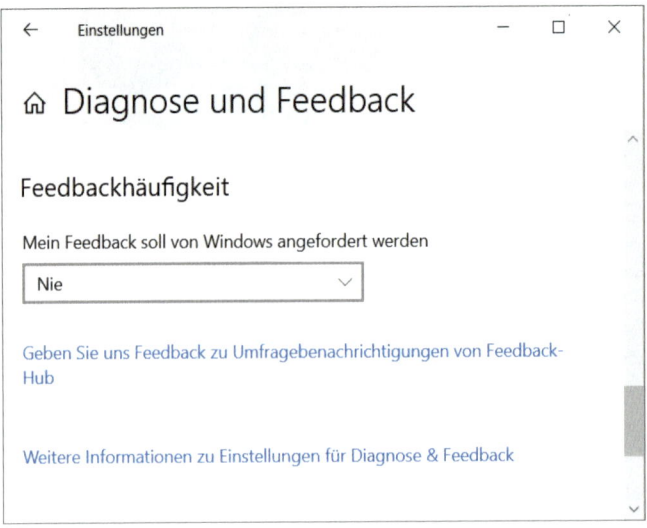

Nimmt man hingegen am Insider-Programm teil, liest man in diesem Abschnitt den Hinweis *Diese Option wird durch das Windows-Insider-Programm verwaltet*. Die Einstellung selbst steht auf *Automatisch* und lässt sich auch nicht verändern. Wer Insider sein will, muss also die digitalen Hosen zwangsläufig ganz runterlassen.

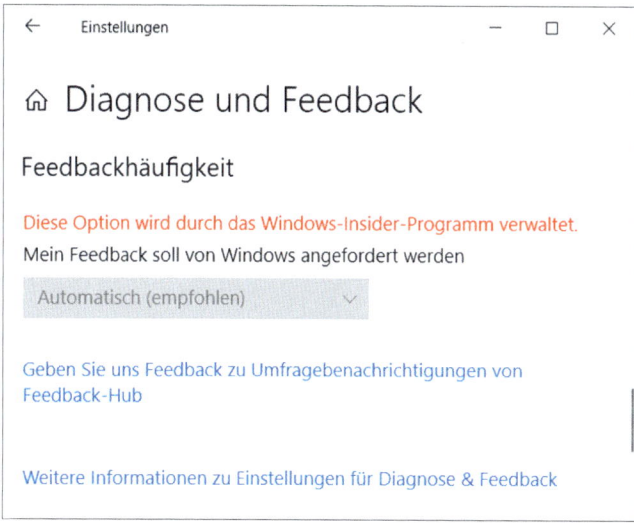

Auch sonst gibt es Unterschiede zwischen Insider-Programm und den regulären Windows-Versionen und -Updates, etwa bei Lizenzbedingungen, bei denen Microsoft sich beim regulären Windows deutlich weniger Freiheiten herausnimmt.

Das Fazit daraus kann also nur lauten: Wer sich um seine Privatsphäre und den Schutz seiner Daten sorgt, der sollte um das Insider-Programm von Windows einen großen Bogen machen und jeweils auf das Aktualisieren der regulären Windows-Version warten. Das heißt allerdings nicht, dass darin keinerlei Telemetrie-Funktionen eingebaut wären, aber dazu mehr im folgenden Kapitel.

3. Datenschutzeinstellungen in Windows 10

Was Windows 10 hinsichtlich des Datenschutzes so problematisch macht, ist weniger, dass sich seine Geschwätzigkeit nicht eindämmen ließe. Es ist vielmehr, dass die dafür zuständigen Einstellungen auf eine Vielzahl von Optionen verteilt sind. Und die finden sich nicht zentral an einem Ort, sondern an verschiedenen Stellen in den Windows-Einstellungen, aber auch in einzelnen Anwendungen. In diesem Kapitel mache ich den Versuch, alle relevanten Funktionen zusammenzustellen, verständlich zu beschreiben und – sofern sinnvoll – auch meine Empfehlung dafür zu geben. Damit der Überblick nicht verloren geht, sind die Beschreibungen nach einem einheitlichen Schema aufgebaut:

- **▪ Name der Einstellung**
- ▪ Anwendung bzw. App und dort die Stelle, an der die Einstellung zu finden ist
- ▪ Erläuterung der Einstellung sowie ggf. der wählbaren Optionen und der möglichen Auswirkungen
- ▪ Standardeinstellung »ab Werk«
- ▪ Empfehlung

Steht bei Empfehlung *Keine*, bedeutet dies in der Regel, dass das Deaktivieren einer Einstellung zugleich auch die zugrunde liegende Funktion abschaltet. In solchen Fällen ist es einfach eine Ermessensfrage, ob Ihnen diese Funktion wichtig genug ist, um dafür Ihre Daten mit Microsoft zu teilen.

Allgemeine Datenschutzoptionen

In der Kategorie *Datenschutz* der *Einstellungen* findet sich ein erheblicher Teil der datenschutzrelevanten Optionen von Windows 10. Deshalb ist es  sinnvoll, die Reise in die Tiefen der Windows-Einstellungen an dieser Stelle mit ein paar grundlegenden Einstellungen in der Rubrik *Allgemein* zu beginnen.

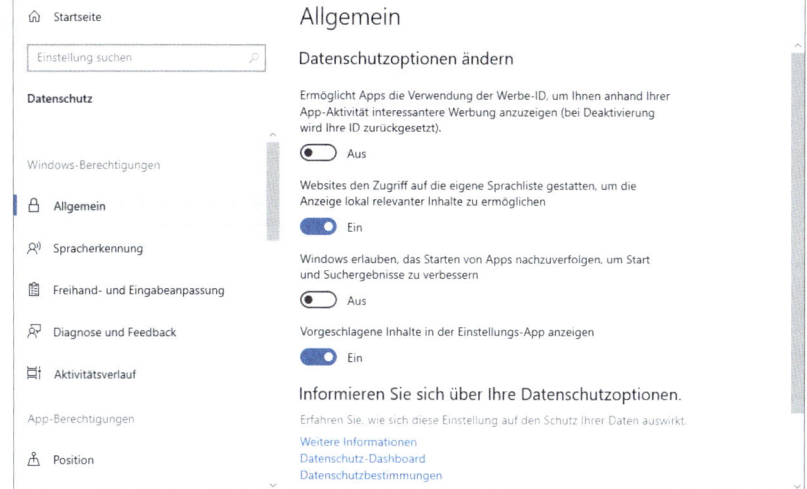

Ermöglicht Apps die Verwendung der Werbe-ID, um Ihnen anhand Ihrer App-Aktivität interessantere Werbung anzuzeigen (bei Deaktivierung wird Ihre ID zurückgesetzt).

Windows-Einstellungen: *Datenschutz/Allgemein*

Eine Werbe-ID ermöglicht es, Anzeigen in Apps auf Ihre persönlichen Interessen zuzuschneiden. Manche empfinden das sogar als Vorteil, andere nicht. In jedem Fall kann diese Option ohne nennenswerte Nachteile ausgeschaltet werden.

Standard: *Ein* – Empfehlung: *Aus*

Websites den Zugriff auf die eigene Sprachliste gestatten, um die Anzeige lokal relevanter Inhalte zu ermöglichen

Windows-Einstellungen: *Datenschutz/Allgemein*

Wenn eine Website weiß, welche Sprache ein Besucher bevorzugt, kann sie sich ggf. automatisch in der passenden Sprache präsentieren. Ist diese Option aktiv, darf jede Webseite Informationen über Ihre bevorzugte(n) Sprache(n) abrufen und auswerten.

In der Praxis wird dies selten umgesetzt und ist nicht wirklich notwendig, da man in der Regel auch manuell die gewünschte Sprache wählen kann. Insofern sollte man diese Information schützen.

Standard: *Ein* – Empfehlung: *Aus*

Windows erlauben, das Starten von Apps nachzuverfolgen, um Start und Suchergebnisse zu verbessern

Windows-Einstellungen: *Datenschutz/Allgemein*

Mit dieser Einstellung erfasst Windows, welche Apps Sie wie oft und wann verwenden. Das kann dazu genutzt werden, oft gebrauchte Apps im Hintergrund bereitzustellen, sodass sie bei Bedarf schneller verfügbar sind. Ob dieser eventuelle Komfortgewinn es wert ist, dass Microsoft ganz genau weiß, was Sie wann mit Ihrem PC machen, sollte jeder für sich selbst ausprobieren und entscheiden.

Standard: *Ein* – Empfehlung: *Aus*

Vorgeschlagene Inhalte in der Einstellungs-App anzeigen

Windows-Einstellungen: *Datenschutz/Allgemein*

Windows kann für alle Einstellungen Vorschläge machen, die an verschiedenen Stellen präsentiert werden – beispielsweise als Hinweis im Infobereich. Das ist kein Datenschutzproblem, aber einfach lästig. Problematisch wird es, wenn Sie den PC mit anderen teilen, die dazu neigen, solche Vorschläge von Windows mal eben abzunicken. Dann ist es sinnvoll, solche Vorschläge gar nicht erst machen zu lassen (oder gleich mit eingeschränkten Konten zu arbeiten).

Standard: *Ein* – Empfehlung: *Aus*

Online-Spracherkennung

Windows-Einstellungen: *Datenschutz/Spracherkennung*

Wenn Sie mit Cortana und anderen Apps sprechen, übermittelt Microsoft diese Daten an seine Server und lässt sie dort online auswerten. Wenn Sie das nicht möchten, sollten Sie die *Online-Spracherkennung* deaktivieren. Windows beschränkt sich dann auf lokale Funktionen. Cortana und andere Apps, die für die Spracherkennung auf Cloud-Funktionen angewiesen sind, lassen sich dann allerdings nicht mehr per Sprache bedienen.

Standard: *Ein* – Empfehlung: *Aus*

Mich kennenlernen

Windows-Einstellungen: *Datenschutz/Freihand- und Eingabeanpassung*

Um das automatische Vervollständigen von Eingaben und das Erkennen der Handschrift zu optimieren, legt Windows ein individuelles Wörterbuch mit Ihren Eingaben an. An sich eine gute Idee, allerdings werden diese Daten ggf. mit Ihren anderen Windows-Geräten synchronisiert. Können dadurch andere

Personen Rückschlüsse auf Ihre Eingaben ziehen, sollten Sie diese Funktion ausschalten. Mit dem Link *Persönliches Wörterbuch anzeigen* können Sie den Inhalt des Wörterbuches jederzeit einsehen und löschen.

Standard: *Ein* – Empfehlung: *Aus*

Diagnose und Feedback begrenzen

Microsoft möchte am liebsten möglichst viel über seine Nutzer und das, was sie tun, wissen. Teilweise werden diese Informationen in Form von Feedback direkt nachgefragt, was weniger schädlich als nervig ist. Der weitaus größte Teil fließt aber unmerklich und vollautomatisch durch Diagnosefunktionen ab. In der Rubrik *Diagnose und Feedback* kann man sich diesem Datenstrom zum größten Teil entgegenstemmen.

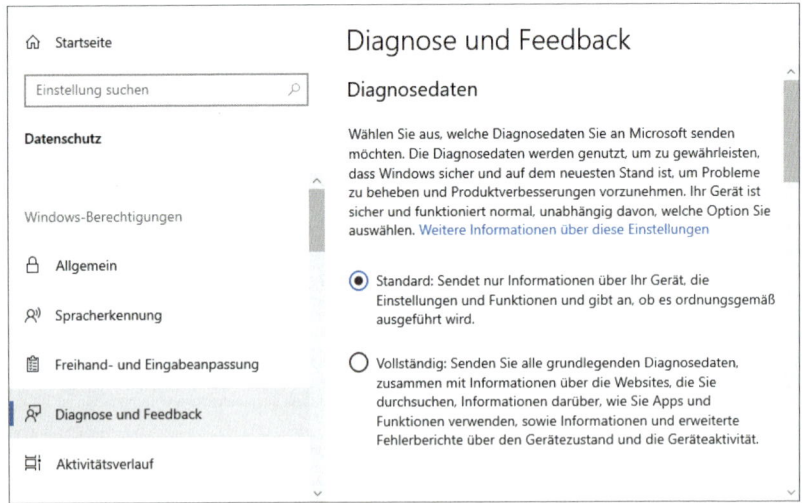

Diagnosedaten

Windows-Einstellungen: *Datenschutz/Diagnose und Feedback*

Windows erfasst ständig Daten über sich selbst und seine Tätigkeit, etwa welche Hardware im PC verbaut ist, welche Treiberversionen installiert sind, welche Programme wann und wie oft ausgeführt werden usw. Diese Daten werden an Microsoft übermittelt und dort statistisch ausgewertet.

Das ist aus Sicht der Windows-Entwickler hilfreich, da sie so erfahren, was ihre Kunden mit Windows machen, welche Anwendungen wie häufig eingesetzt werden, welche Hardware verwendet wird, wo Probleme auftauchen usw. Aus Sicht der Anwender sieht dies anders aus, denn dass genau erfasst wird, wer wann was mit seinem Windows-PC tut, hinterlässt kein gutes Gefühl. Welche Daten diese Diagnose genau erfasst, lässt sich hier steuern.

Hinweis: In den Insider-Vorabversionen unterscheiden sich die Bezeichnungen dieser Einstellungen teilweise.

- *Standard*
  Das ist die Minimaleinstellung, denn ganz deaktivieren lassen sich die Diagnosefunktionen offiziell nicht. So überwacht Windows sich selbst, installierte Programme und Hardwaretreiber, um ggf. aktualisierte Versionen zu installieren. Ohne diese Einstellung würde also *Windows Update* nicht funktionieren. Außerdem werden Fehlfunktionen bei Windows sowie Abstürze bei Anwendungen grundlegend an Microsoft übermittelt, allerdings ohne spezifische Detailinformationen. Zusätzlich werden die Eckdaten der Hardware-Ausstattung wie etwa Prozessortyp, Speichergröße, Bildschirm- und Kameraauflösung oder ggf. die Akkukapazität weitergegeben. Diese Daten dienen also ausschließlich dem statistischen Erfassen von Problemen. Bei Geräten mit Mobilfunkmodul wird allerdings auch die IMEI übermittelt.

- *Vollständig*
  Hier kommt zu den übermittelten Daten noch hinzu, dass in Einzelfällen Microsoft-Mitarbeiter ohne Wissen und ausdrückliche Zustimmung (die ist mit dieser Option erteilt) eine Remote-Verbindung zum Rechner aufbauen dürfen. Dort können sie verschiedene Diagnosewerkzeuge nutzen, um ein bestimmtes aufgetretenes Problem genauer zu analysieren. Auch Einblicke in die Registry sowie in Dateien, die im Umfeld eines Problems verwendet wurden, sind möglich.

Standard: *Vollständig* – Empfehlung: *Standard*

Freihand- und Eingabeerkennung verbessern

Windows-Einstellungen: *Datenschutz/Diagnose und Feedback*

Ist diese Option eingeschaltet, übermittelt Windows alle Ihre Eingaben in die Cloud, damit Microsoft seine Funktionen für Vorschläge und Korrekturen weiterentwickeln kann.

Hinweis: Wenn Sie die darüber stehende Option *Diagnosedaten* auf *Standard* setzen, wird das Verbessern der Freihand- und Eingabeerkennung automatisch deaktiviert und diese Option kann dann auch nicht verändert werden.

Standard: *Ein* – Empfehlung: *Aus*

Individuelle Benutzererfahrung

Windows-Einstellungen: *Datenschutz/Diagnose und Feedback*

Ist diese Einstellung eingeschaltet, verspricht Microsoft, individueller an den Benutzer angepasste Tipps und Hinweise zu geben. Es werden deswegen keine zusätzlichen Daten erhoben, nur die ohnehin ermittelten Daten noch intensiver ausgewertet. Insofern kann man sich überlegen, ob man an solchen individuellen Empfehlungen interessiert ist.

Standard: *Ein* – Empfehlung: *Aus*

Diagnosedaten anzeigen

Windows-Einstellungen: *Datenschutz/Diagnose und Feedback*

Um die neue Diagnosedatenanzeige (siehe Seite 26) nutzen zu können, muss diese Einstellung zumindest vorübergehend aktiviert werden. Auf Dauer sollte sie aber abgeschaltet bleiben, um den Speicherplatz der Diagnosedaten freizugeben.

Beachten Sie dazu auch die Schaltfläche darunter, mit der Sie jederzeit Ihre *Diagnosedatenanzeige öffnen* können.

Standard: *Ein* – Empfehlung: nur bei Bedarf einschalten

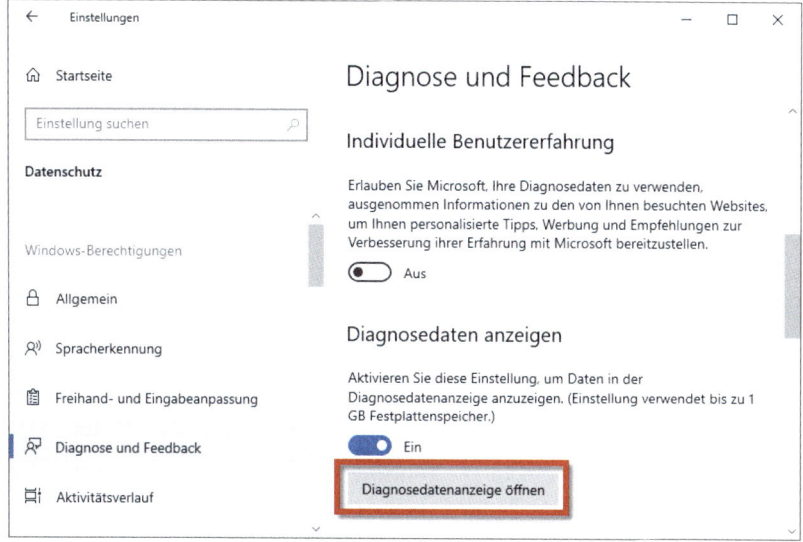

Diagnosedaten löschen

Windows-Einstellungen: *Datenschutz/Diagnose und Feedback*

In diesem Abschnitt finden Sie eine *Löschen*-Schaltfläche, mit der Sie alle Diagnosedaten, die Microsoft in seinen Systemen zu diesem Gerät gesammelt hat, löschen lassen können.

Empfehlung: bei aktiver Diagnose regelmäßig nutzen

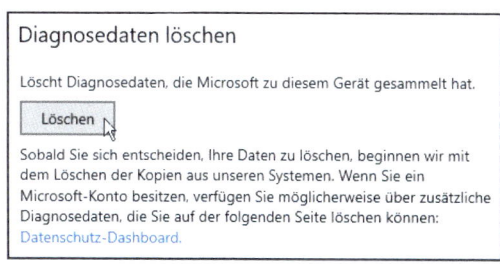

Feedbackhäufigkeit

Windows-Einstellungen: *Datenschutz/Diagnose und Feedback*

Gern fragt Windows den Anwender nach seiner Meinung zu bestimmten Aspekten wie beispielsweise neuen Funktionen oder dem Auftreten bestimmter Probleme. Die Antworten werden selbstverständlich an Microsoft übermittelt und ausgewertet. Allerdings kann man solche Fragen einfach ignorieren. Dann ist es aber sinnvoller, sie von vornherein ganz zu unterbinden, indem man hier die Einstellung *Nie* wählt.

Standard: *Automatisch* – Empfehlung: *Nie*

Das Übertragen von Telemetrie ganz blockieren

Obwohl Microsoft bei einzelnen Windows-Editionen wie etwa Enterprise oder Student eine weitere Feedback-Stufe mit noch weniger Daten erlaubt, stellt sich der Softwareriese nicht ganz uneigennützig auf den Standpunkt, dass es ganz ohne Diagnosedaten nun mal nicht gehe.

Dass das so nicht ganz stimmt, zeigt eine Untersuchung des Bundesamtes für Sicherheit in der Informationstechnik (BSI). Die haben das Erheben und Übermitteln von Diagnosedaten bei Windows 10 näher unter die Lupe genommen und dabei einen Windows-Dienst als zuständige Instanz für das Übermitteln der Daten an Microsoft ausgemacht. Tests haben gezeigt, dass man diesen Dienst deaktivieren kann, ohne Nachteile befürchten zu müssen. Es wirkt sich beispielsweise nicht nachteilig auf den Empfang von Windows-Updates oder das Nutzen anderer Windows-Dienste aus.

1 Klicken Sie mit der rechten Maustaste auf das Windows-Symbol der Taskleiste (oder drücken Sie ⊞+⟨X⟩).

2 Wählen Sie im Menü den Punkt *Computerverwaltung*.

3 Öffnen Sie in der Navigationsleiste am linken Rand *Dienste und Anwendungen/Dienste*.

4 Suchen Sie in der Liste der Dienste den Eintrag *Benutzererfahrung und Telemetrie im verbundenen Modus* und doppelklicken Sie darauf.

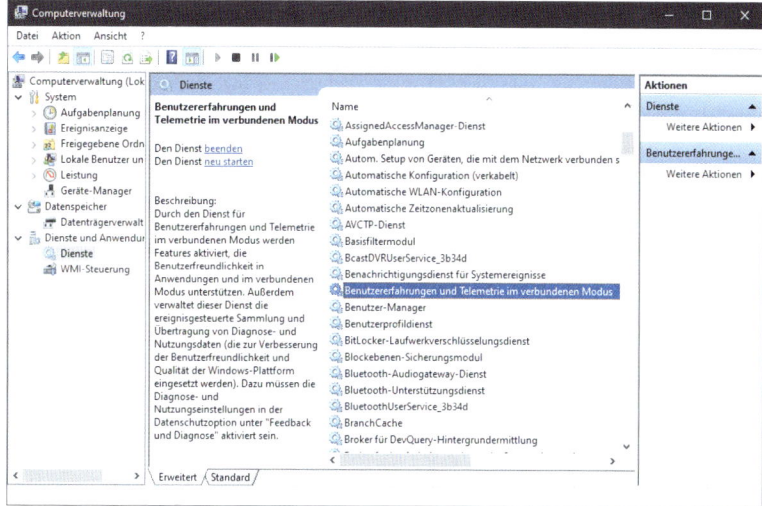

5   Klicken Sie im anschließenden Dialog auf *Beenden*, um den Dienst zu deaktivieren.

6   Wichtig: Wählen Sie außerdem bei *Starttyp* die Option *Deaktiviert*, damit Windows den Dienst nicht wieder eigenmächtig reaktivieren kann.

Wichtig: Durch die halbjährlichen Funktions-Updates werden diese Einstellungen leider immer wieder rückgängig gemacht. Deshalb müssen sie nach jedem Funktions-Update erneut wie hier beschrieben vorgenommen werden.

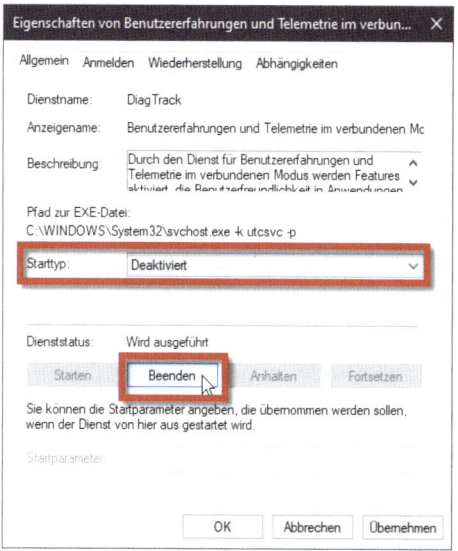

Warnhinweis

Das Deaktivieren dieses Dienstes ist nach derzeitigem Kenntnisstand unproblematisch. Allerdings ist nicht auszuschließen, dass sich in Einzelfällen doch Probleme ergeben können oder dass Microsoft darauf reagiert, wenn immer mehr Benutzer diese Methode anwenden. Im Fall von Problemen lässt sich der Dienst aber ebenso schnell wieder reaktivieren.

Aktivitätsverlauf

Mit dem Funktions-Update von April 2018 führte Microsoft den geräteübergreifenden Aktivitätsverlauf (Timeline) für Windows ein. Dieser ist aus Sicht des Datenschutzes nicht unproblematisch. Wenn sich mehrere Personen einen PC (und das Benutzerkonto) teilen, kann einer sofort sehen, was der andere gemacht hat. Dies lässt sich vermeiden, indem jeder Anwender sein eigenes Benutzerkonto verwendet.

Einzelne Einträge aus dem Aktivitätsverlauf löschen

Eventuell möchten Sie den Aktivitätsverlauf prinzipiell nutzen und nur gelegentlich einzelne Einträge löschen, damit diese nicht übermittelt oder von anderen gesehen werden können? Wenn Sie einen Eintrag im Aktivitätsverlauf mit der rechten Maustaste anklicken, finden Sie im Kontextmenü den Befehl *Entfernen*, der den jeweiligen Eintrag löscht. Alternativ können Sie mit *Alle von "..."* *löschen* auch gleich alle Einträge des jeweiliges Tages aus dem Aktivitätsverlauf entfernen.

Komplizierter wird es, wenn man auf mehreren Geräten die Synchronisierung des Aktivitätsverlaufs nutzt. Diese ermöglicht es beispielsweise, eine unterwegs am Notebook begonnene Tätigkeit später zu Hause am PC einfach fortzusetzen. Allerdings erfolgt das Synchronisieren über das Microsoft-Konto und die Cloud, und auch hier besteht bei geteiltem Konto die Möglichkeit, dass die Anwender sich gegenseitig kontrollieren können. In den *Einstellungen* unter *Datenschutz/Aktivitätsverlauf* können Sie aber festlegen, ob und wie synchronisiert werden soll.

Meinen Aktivitätsverlauf auf diesem Gerät speichern

Windows-Einstellungen: *Datenschutz/Aktivitätsverlauf*

Diese Einstellung steuert, ob Aktivitäten, die Sie auf diesem Gerät ausüben, in den Aktivitätsverlauf aufgenommen werden sollen. Sie können den Aktivitätsverlauf unabhängig davon nutzen. Aber wenn Sie diese Option ausschalten, werden in der Timeline nur Aktivitäten anderer Geräte angezeigt.

Standard: *Ein* – Empfehlung: Keine

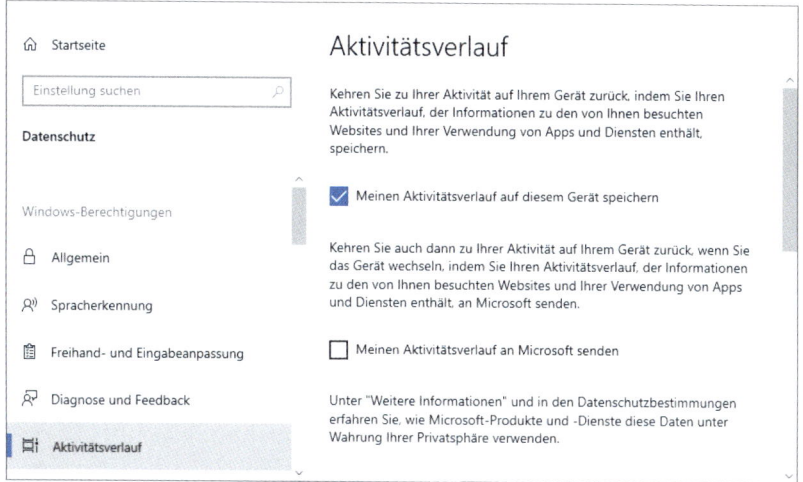

Meinen Aktivitätsverlauf an Microsoft senden

Windows-Einstellungen: *Datenschutz/Aktivitätsverlauf*

Diese Einstellung legt fest, ob die Aktivitäten, die Sie auf diesem PC ausüben, per Cloud mit Ihren anderen Geräten synchronisiert werden sollen. Sie kön-

45

nen den Aktivitätsverlauf unabhängig davon nutzen, aber wenn diese Option ausgeschaltet ist, werden Aktivitäten von diesem PC auf anderen Geräten nicht angezeigt.

Standard: *Ein* – Empfehlung: Keine

Position

Windows kann aus verschiedenen Quellen Informationen über den aktuellen Standort Ihres PCs beziehen. Selbst wenn kein GPS-Empfänger verbaut ist, können Informationen über verfügbare WLANs (teilweise recht genau), Mobilfunkmasten oder Daten der Interneteinwahl und verwendete IP-Adressen (eher ungenau) eine Ortsbestimmung ermöglichen.

Diese Angaben werden für ortsbezogene Dienste genutzt, aber auch zur Auswertung an Microsoft oder die Entwickler einzelner Apps übermittelt. Die relevanten Optionen hierzu finden Sie in den *Einstellungen* in der Rubrik *Datenschutz/Position*.

Zugriff auf den Standort auf diesem Gerät zulassen

Windows-Einstellungen: *Datenschutz/Position*

Diese Einstellung steuert sozusagen die grundlegende Funktion zur Standortermittlung. Ist sie eingeschaltet, kann Windows die Position bestimmen und dazu ggf. auf vorhandene Hardware wie einen GPS-Empfänger zugreifen. Schalten Sie diese Einstellung aus, wird die Standorterkennung deaktiviert, und weder Windows selbst noch zusätzliche Apps können auf Standortdaten zugreifen.

Ob man das möchte, hängt von den individuellen Ansprüchen ab. Ist man mit einem Notebook oder Tablet unterwegs und möchte standortbasierte Dienste nutzen oder sich navigieren lassen, muss diese Option eingeschaltet sein. Auf einem stationären PC hingegen wird man solche Funktionen eher weniger benötigen.

Hinweis: Diese Einstellung wird etwas anders als die meisten Datenschutzeinstellungen verwendet, da Sie hier zunächst auf die *Ändern*-Schaltfläche klicken müssen und dann erst im eingeblendeten Einstellungsdialog die eigentliche Wahl zwischen *Ein* oder *Aus* vornehmen.

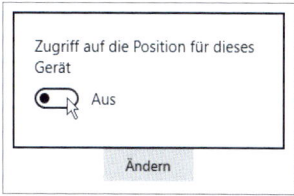

Standard: *Ein* – Empfehlung: Keine

Zulassen, dass Apps auf Ihren Standort zugreifen

Windows-Einstellungen: *Datenschutz/Position*

Diese Option steuert, ob Apps auf die Standortdaten zugreifen dürfen. Ist sie eingeschaltet, können Sie weiter unten in der Liste der Apps festlegen, welchen davon dies erlaubt sein soll und welchen nicht. Diese Option lässt sich nur einschalten, wenn die Standorterkennung für den PC insgesamt mit der darüber stehenden Einstellung aktiviert ist.

Beachten Sie hierzu den Hinweis, dass eine Beschränkung des Zugriffs nur für Apps aus dem Microsoft Store gilt. Klassische Desktop-Anwendungen können auf diese Weise nicht eingeschränkt werden (wohl aber durch das Deaktivieren der Standortermittlung insgesamt).

Standard: *Ein* – Empfehlung: Keine

Standardposition

Windows-Einstellungen: *Datenschutz/Position*

Wenn die Positionsermittlung nicht erlaubt (oder möglich) ist, kann Windows stattdessen eine Standardposition verwenden, die Sie mithilfe einer Karte selbst festlegen können. Wenn Sie hier einen x-beliebigen Standort angeben, können Apps diese Information nutzen, ohne dass Sie jeweils Ihren tatsächlichen Standort preisgeben.

Empfehlung: Keine

Das Festlegen der Standardposition ist etwas umständlich, deshalb möchte ich die Schritte hier kurz beschreiben:

1 Klicken Sie zunächst unter *Standardposition* auf *Als Standard festlegen*.

2 Dadurch öffnen Sie die Karten-App, wo bereits ein Hinweis zum *Standardaufenthaltsort* eingeblendet wird.

3 Klicken Sie dort auf die Schaltfläche *Standardaufenthaltsort festlegen*.

4 Klicken Sie danach auf das dort angezeigte Feld *Standort auswählen*.

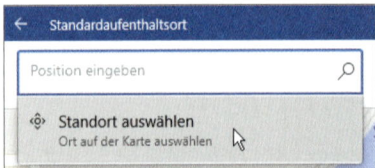

5 Nutzen Sie nun die Verschiebe- und Zoomfunktionen der Karten-App, um den Ort, den Sie als Standardort verwenden möchten, in der Mitte der Karte zu platzieren. Im Hinweisfenster wird dabei laufend der aktuell gewählte Ort bzw. dessen Adresse angezeigt.

6 Sind Sie mit der Auswahl und der Ortsangabe zufrieden, klicken Sie im Hinweisfenster auf die *Festlegen*-Schaltfläche.

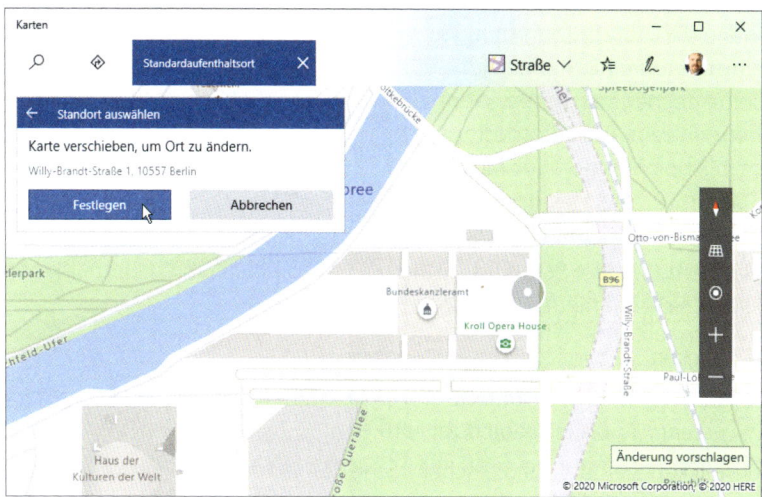

Positionsverlauf

Windows-Einstellungen: *Datenschutz/Position*

Im Positionsverlauf bewahrt Windows ermittelte Standortdaten ca. 24 Stunden auf. Apps können so nicht nur erfahren, wo Sie sich gerade aufhalten, sondern auch, wo Sie in der Zeit zuvor gewesen sind. Diese

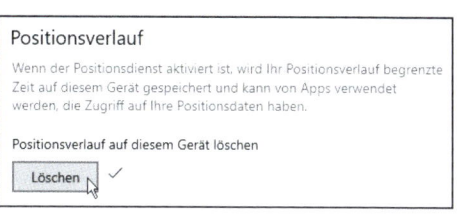

Funktion lässt sich nicht pauschal deaktivieren. Aber Sie können den Verlauf jederzeit *Löschen*. Ebenso wird er gelöscht, wenn der Rechner neu gestartet wird. Außerdem können Sie einzelnen Apps den Zugriff auf den Standortverlauf entziehen. Zum Bestätigen des erfolgreichen Löschens des Positionsverlaufs wird an der *Löschen*-Schaltfläche ein kleines Häkchen angezeigt.

Empfehlung: *Löschen*

Auswählen, welche Apps auf Ihren exakten Standort zugreifen können

Windows-Einstellungen: *Datenschutz/Position*

In diesem Abschnitt finden Sie eine Liste aller Apps, die auf diesem Rechner bislang Standortinformationen angefordert haben. Apps, die darüber hinaus Zugriff auf die Standorte der letzten 24 Stunden haben wollen, sind mit der Anmerkung *Verwendet den Positionsverlauf* gekennzeichnet. Sie können für jede App festlegen, ob diese auch weiterhin auf Standortdaten zugreifen darf. Leider lässt sich der Zugriff auf den Positionsverlauf nicht separat steuern. Sie können solche Apps also nur komplett von Positionsinformationen abschneiden.

Standard: *Aus* – Empfehlung: nur bei gewünschten Apps *Ein*

Desktop-Apps den Zugriff auf Ihren Standort erlauben

Windows-Einstellungen: *Datenschutz/Position*

Die vorangehend beschriebenen Einstellungen bezogen sich auf Apps aus dem Microsoft Store. Desktop-Anwendungen und auch einige Windows-Funktionen unterliegen diesen Beschränkungen nicht. In diesem Abschnitt können Sie festlegen, dass auch solchen Anwendungen und Windows-Funktionen der Zugriff auf die Standortermittlung verwehrt werden soll. Dies ist allerdings nicht per Anwendung, sondern nur pauschal für alle möglich. Darunter sehen Sie eine Liste der Anwendungen, die bereits versucht haben, den Standort zu bestimmen.

Standard: *Ein* – Empfehlung: *Aus*

Desktop-Apps den Zugriff auf Ihren Standort erlauben

Einige Apps und Windows-Features benötigen Zugriff auf Ihre Position, damit sie bestimmungsgemäß funktionieren. Wenn Sie diese Einstellung hier deaktivieren, schränken Sie möglicherweise den Funktionsumfang von Desktop-Apps und Windows ein.

 Aus

Einige Desktop-Apps werden möglicherweise nicht in der folgenden Liste angezeigt oder werden von dieser Einstellung nicht beeinflusst. Erfahren Sie, warum

 Microsoft Defender Application Guard Manager
C:\Windows\System32\hvsimgr.exe
Zuletzt aufgerufen 15.06.2020 13:06:00

Geofence

Windows-Einstellungen: *Datenschutz/Position*

Beim Geofence legt man bestimmte örtliche Bereiche fest, beispielsweise den Umkreis Ihres Hauses, Ihrer Arbeitsstelle, Ihres Supermarkts, Baumarkts usw. Apps können darauf reagieren, wenn Sie ein dermaßen gekennzeichnetes Gebiet betreten oder verlassen. So können Sie sich beispielsweise von Cortana beim Betreten des Supermarktbereichs daran erinnern lassen, Milch zu kaufen.

Auch Apps im Bereich der Heimautomatisierung machen von Geofence Gebrauch, etwa um automatisch festzustellen, wann Bewohner das Haus verlassen bzw. heimkehren. Wenn Sie eine App mit Geofence-Funktion verwenden, merken Sie das in der Regel, da Sie diese Bereiche selbst definieren müssen. Ansonsten können Sie in dieser Liste sehen, welche Apps Gebrauch von Geofence machen.

Empfehlung: Keine

Kamera

In Notebooks und Tablets sind heute in der Regel Kameras verbaut, die man beispielsweise für Videokonferenzen verwenden kann. Aber auch an klassischen PCs kann man solche Kameras per USB anschließen und beispielsweise oben auf dem Monitor befestigen.

Nun will man von einer solchen Kamera aber nur gefilmt werden, wenn dies gerade erforderlich ist. Ansonsten will man sicher sein, dass die Kamera aus bleibt. Manche Notebooks haben dazu eine physische Sperre, die man einfach vor die Linse schieben kann.

Die zweitbeste Lösung ist es, den Zugriff auf die Kamera in den Windows-Einstellungen zu regeln. Die relevanten Optionen finden Sie unter *Datenschutz/Kamera*.

Zugriff auf die Kamera auf diesem Gerät zulassen

Windows-Einstellungen: *Datenschutz/Kamera*

Diese Option gibt Ihnen die Möglichkeit, den Zugriff auf die Kamera grundsätzlich systemweit zu unterbinden. Das gibt Ihnen die Sicherheit, dass weder Windows selbst noch Apps oder Desktop-Anwendungen auf die Kamera zugreifen. Zugleich kann kein Benutzer (ohne Administratorrechte) diese Einstellung individuell für sich ändern. Um die Einstellung anzupassen, klicken Sie zunächst auf die *Ändern*-Schaltfläche und wählen dann die gewünschte Option *Aus* oder *Ein*.

Standard: *Ein* – Empfehlung: *Ein*

Sonderfall Windows Hello

Sollten Sie eine mit Windows Hello kompatible Kamera für die Gesichtserkennung bei der Windows-Anmeldung verwenden, gilt die Steuerung des Kamerazugriffs durch den Datenschutz für diese Funktion ausdrücklich nicht. Sie können den Kamerazugriff also deaktivieren und sich trotzdem per Gesichtserkennung anmelden.

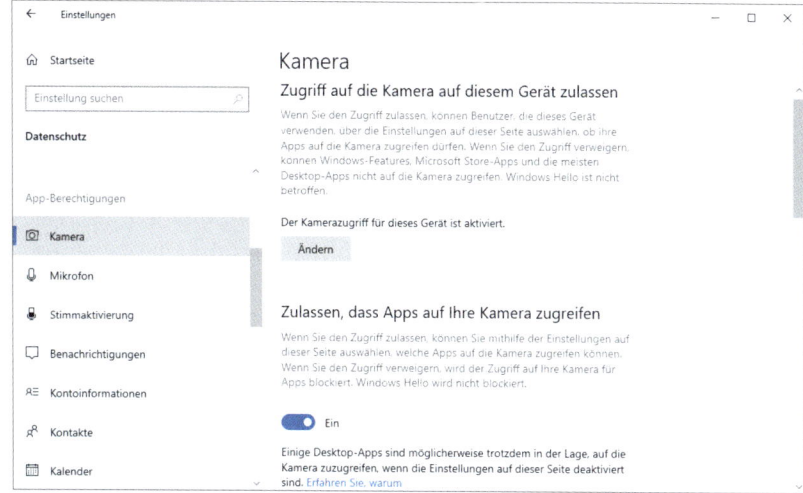

Zulassen, dass Apps auf Ihre Kamera zugreifen

Windows-Einstellungen: *Datenschutz/Kamera*

Diese Einstellung legt fest, ob Apps die Kamera(s) Ihres PCs verwenden dürfen. Social-Media-Apps können häufig aus der App heraus Bilder aufnehmen und mit anderen teilen. Auch Apps zur Bildbearbeitung verfügen oftmals über eine eigene Aufnahmefunktion. Dies birgt immer die Gefahr, dass Apps ganz eigenständig Aufnahmen machen, ohne dass Sie dies bemerken. Falls Sie die Kamera Ihres Gerätes nicht nutzen möchten, sollten Sie diese Einstellung abschalten. Sonst ist es besser, die Funktion aktiv zu lassen und zu kontrollieren, welchen Apps Sie Zugriff erlauben möchten (siehe auch den nachfolgenden Abschnitt).

Standard: *Ein* – Empfehlung: *Ein*

Auswählen, welche Microsoft Store-Apps auf die Kamera zugreifen dürfen

Windows-Einstellungen: *Datenschutz/Kamera*

Hier finden Sie eine Liste der installierten Apps, die Zugriff auf die Kamera haben möchten. Für jede App können Sie diesen Zugriff ein- oder ausschalten. Gehen Sie die Liste durch und setzen Sie diese Option für jede App auf *Aus*, die keinen Kamerazugriff benötigt.

Empfehlung: nur bei einzelnen Apps *Ein*

Zulassen, dass Desktop-Apps auf die Kamera zugreifen

Windows-Einstellungen: *Datenschutz/Kamera*

Die vorangehend beschriebenen Einstellungen bezogen sich auf Apps aus dem Microsoft Store. Desktop-Anwendungen und auch einige Windows-Funktionen unterliegen diesen Beschränkungen nicht. Hier können Sie festlegen, dass auch diesen der Zugriff auf die Kamera verwehrt werden soll. Dies ist allerdings nicht per Anwendung, sondern nur pauschal für alle möglich. Darunter sehen Sie eine Liste der Anwendungen, die bereits versucht haben, die Kamera zu verwenden.

Standard: *Ein* – Empfehlung: *Aus*

Mikrofon

Ähnlich wie Kameras sind auch eingebaute oder angeschlossene Mikrofone nicht unproblematisch, da Apps sie zur unbemerkten Überwachung des Benutzers missbrauchen können. In den Windows-Einstellungen kann man deshalb unter *Datenschutz/Mikrofon* genau festlegen, welche Apps Zugriff auf das Mikrofon haben dürfen.

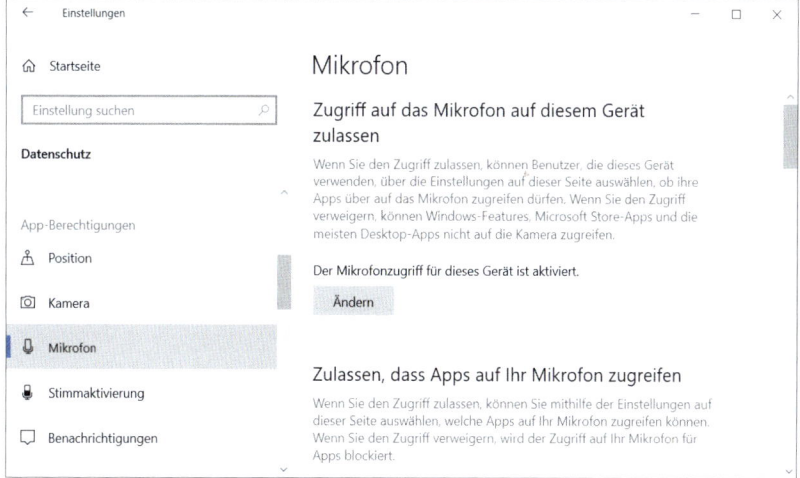

Zugriff auf das Mikrofon auf diesem Gerät zulassen

Windows-Einstellungen: *Datenschutz/Mikrofon*

Diese Einstellung gibt Ihnen die Möglichkeit, den Zugriff auf das Mikrofon grundsätzlich systemweit zu unterbinden. Das gibt Ihnen die Sicherheit, dass beispielsweise weder Windows selbst noch Apps oder Desktop-Anwendungen auf Ihr Mikrofon zugreifen können. Und zugleich kann kein Benutzer (ohne Administratorrechte) diese Einstellung individuell für sich ändern. Um die Einstellung anzupassen, klicken Sie zunächst auf die *Ändern*-Schaltfläche und wählen dann die gewünschte Option *Aus* oder *Ein*.

Standard: *Ein* – Empfehlung: nach Bedarf

Zulassen, dass Apps auf Ihr Mikrofons zugreifen

Windows-Einstellungen: *Datenschutz/Mikrofon*

Diese Einstellung legt fest, ob Apps das in Ihrem PC verbaute Mikrofon verwenden dürfen oder nicht. Die Bedeutung entspricht dem Prinzip der Kameraeinstellungen, also hier global der Zugriff auf das Mikrofon und weiter unten, ob einzelne Apps zugreifen dürfen.

Standard: *Ein* – Empfehlung: nach Bedarf

Auswählen, welche Microsoft Store-Apps auf das Mikrofon zugreifen dürfen

Windows-Einstellungen: *Datenschutz/Mikrofon*

Hier finden Sie eine Liste der installierten Apps, die Zugriff auf das Mikrofon haben möchten. Für jede App können Sie diesen Zugriff ein- oder ausschalten.

Empfehlung: nur bei einzelnen Apps *Ein*

Desktop-Apps den Zugriff auf Ihr Mikrofon erlauben

Windows-Einstellungen: *Datenschutz/Mikrofon*

Die vorangehend beschriebenen Einstellungen bezogen sich auf Apps aus dem Microsoft Store. Desktop-Anwendungen und auch einige Windows-Funktionen unterliegen diesen Beschränkungen nicht. In diesem Abschnitt können Sie festlegen, dass auch diesen grundsätzlich der Zugriff auf das Mikrofon verwehrt werden soll. Darunter sehen Sie eine Liste der Anwendungen, die bereits versucht haben, das Mikrofon zu verwenden.

Standard: *Ein* – Empfehlung: *Aus*

Stimmaktivierung

Sprachassistenten wie Cortana, aber prinzipiell auch beliebige andere Apps können ständig über ein vorhandenes Mikrofon auf ein bestimmtes Schlüsselwort lauschen. Spricht der Benutzer dieses aus, wird die jeweilige App automatisch aktiv, führt eine bestimmte Aktion aus oder nimmt wie Cortana dann weitere Spracheingaben entgegen.

Auch das ist eine Funktion, die sehr praktisch und komfortabel sein kann, sich von böswilligen Entwicklern aber auch zur Überwachung der Anwender einsetzen lässt. In den Windows-Einstellungen können Sie unter *Datenschutz/Stimmaktivierung* deshalb steuern, ob Sie diese Funktion überhaupt zulassen möchten und welche Apps sie nutzen dürfen.

Verwendung der Stimmaktivierung durch Apps zulassen

Windows-Einstellungen: *Datenschutz/Stimmaktivierung*

Mit dieser Option steuern Sie pauschal die Verwendung der Stimmaktivierung auf Ihrem PC. Wollen Sie diese Funktion grundsätzlich nicht verwenden, sollten Sie hier *Aus* wählen. Wollen Sie beispielsweise Cortana per Stimme aktivieren, belassen Sie diese Einstellung auf *Ein* und steuern darunter in der App-Liste, welche Apps diese nutzen dürfen und welche nicht.

Standard: *Ein* – Empfehlung: *Aus*

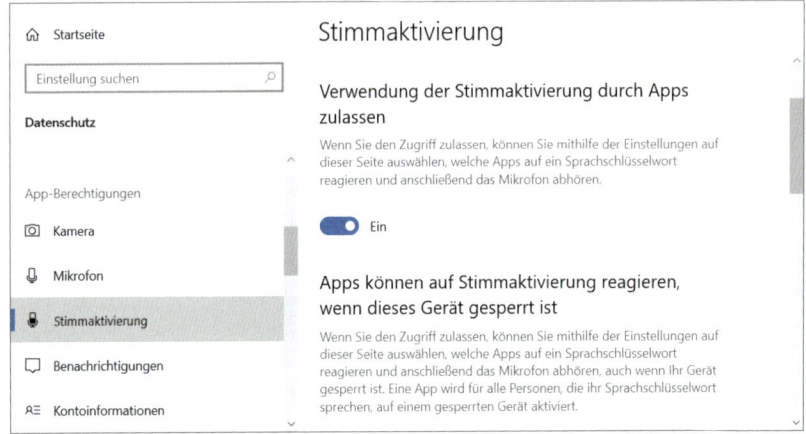

Apps können auf Stimmaktivierung reagieren, wenn dieses Gerät gesperrt ist

Windows-Einstellungen: *Datenschutz/Stimmaktivierung*

Bei Stimmaktivierung wird zwischen gesperrtem und nicht gesperrtem PC unterschieden. Das ist ein wichtiger Unterschied, denn wenn die Stimmaktivierung bei gesperrtem Gerät aktiv ist, kann im Prinzip jeder in der Nähe des PCs beispielsweise Cortana aktivieren und Befehle erteilen. Ist diese Einstellung *Aus*, geht dies nur, wenn der PC zuvor entsperrt wurde und der Benutzer sich mit Passwort, PIN, Fingerabdruck o. Ä. ausgewiesen hat.

Standard: *Ein* – Empfehlung: *Aus*

Standard-App für die Headset-Taste wählen

Windows-Einstellungen: *Datenschutz/Stimmaktivierung*

Wenn Sie über ein Headset mit Aktivierungstaste verfügen, stellen Sie hier ein, was beim Betätigen dieser Taste passieren soll. Ist die Option eingeschaltet, aktiviert die Taste jeweils die Sprachaktivierungs-App, die zuletzt verwendet wurde. Alternativ schalten Sie die Option *Aus* und wählen darunter eine der installierten Apps aus. Dann wird durch Druck auf die Headset-Taste grundsätzlich die gewählte App aktiviert.

Standard: *Ein* – Empfehlung: *Aus*

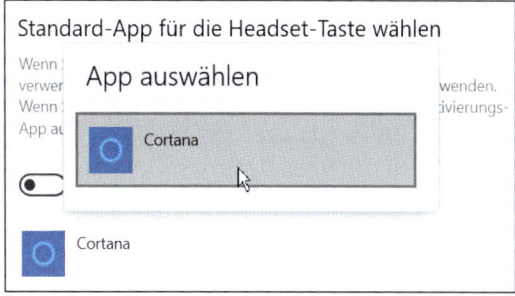

Auswählen, welche Apps Stimmaktivierung verwenden können

Windows-Einstellungen: *Datenschutz/Stimmaktivierung*

Hier finden Sie eine Liste der installierten Apps, die grundsätzlich per Stimme aktiviert werden können. Für jede App können Sie diesen Zugriff ein- oder ausschalten.

Empfehlung: nur bei einzelnen Apps *Ein*

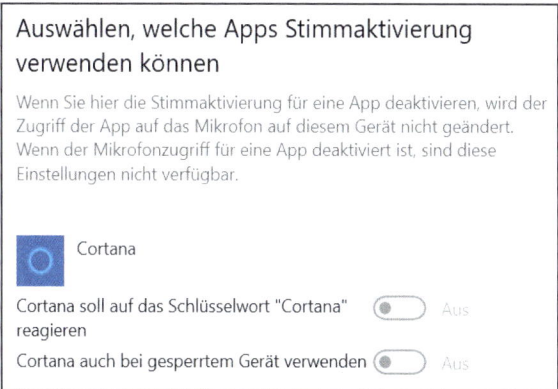

Für Cortana können Sie zusätzlich festlegen, ob der Assistent auf das Schlüsselwort »Cortana« reagieren soll und ob Cortana auch bei gesperrtem PC verwendet werden darf. Wenn Sie Cortana überhaupt nicht nutzen möchten, sollten Sie beide Optionen auf *Aus* stellen (mehr zum Thema Cortana finden Sie auf Seite 95).

Benachrichtigungen

In den Windows-Einstellungen unter *Datenschutz/Benachrichtigungen* geht es um Hinweise, die Windows dem Benutzer über die Benachrichtigungsleiste am rechten Bildschirmrand zukommen lässt. Das kann eine Vielzahl von Informationen wie Sicherheitshinweise, neue E-Mails oder vorliegende Updates sein. Auch Apps und Anwendungen können diesen Mechanismus nutzen, um die Benutzer zu informieren.

Die entscheidende Frage aus Sicht des Datenschutzes ist hier aber, ob Apps solche Benachrichtigungen »mitlesen« dürfen. Dafür kann es bei einzelnen Apps durchaus gute Gründe geben. Beispielsweise könnte eine App bei einem Hinweis auf Speicherknappheit automatisch Laufwerke bereinigen.

Grundsätzlich sollte das aber die absolute Ausnahme sein, da es Apps in der Regel überhaupt nichts angeht, was Windows oder andere Apps dem Benutzer mitzuteilen haben.

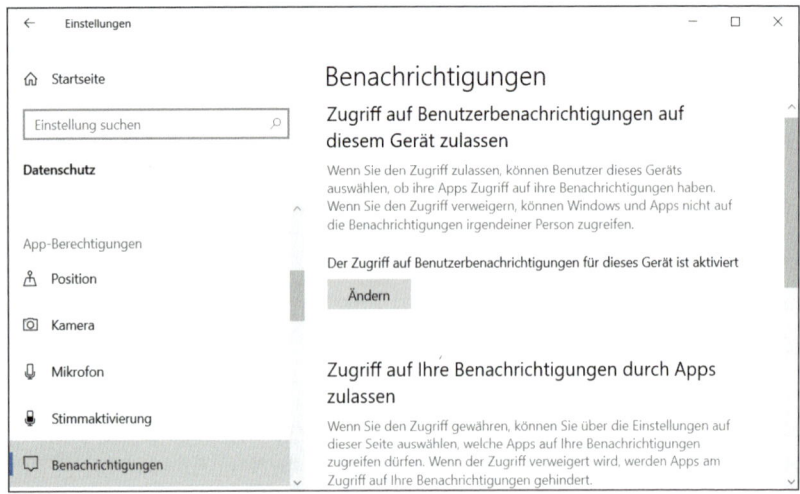

Zugriff auf Benutzerbenachrichtigungen auf diesem Gerät zulassen

Windows-Einstellungen: *Datenschutz/Benachrichtigungen*

Diese Option ist vor allem bei Geräten mit mehr als einem Benutzer interessant. Sie steuert, ob die einzelnen Benutzer einstellen dürfen, welche Apps Zugriff auf die Benachrichtigungen haben sollen. Ist die Option ausgeschaltet, können weder Windows noch Apps auf Benachrichtigungen zugreifen. **Hinweis:** Trotzdem werden dem Benutzer Benachrichtigungen selbstverständlich weiterhin angezeigt.

Standard: *Ein* – Empfehlung: *Aus*

Zugriff auf Ihre Benachrichtigungen durch Apps zulassen

Windows-Einstellungen: *Datenschutz/Benachrichtigungen*

Diese Einstellung steuert grundlegend, ob Apps auf Benachrichtigungen zugreifen dürfen oder nicht. Wenn Sie hier *Aus* wählen, ist der Mechanismus also grundlegend außer Kraft gesetzt und Sie können die nachfolgende Einstellung ignorieren.

Standard: *Ein* – Empfehlung: *Aus*

Apps auswählen, die Zugriff auf Ihre Benachrichtigungen haben

Windows-Einstellungen: *Datenschutz/Benachrichtigungen*

Diese Liste umfasst alle installierten Apps, die Benachrichtigungen mitlesen möchten. Es empfiehlt sich dringend, hier alle Apps auszuschalten, bei denen Sie dafür keinen sinnvollen Grund erkennen.

Empfehlung: nur bei einzelnen Apps *Ein*

Kontoinformationen

Unter Kontoinformationen sind die Angaben zu verstehen, die Sie selbst in den Windows-Einstellungen unter *Konten/Ihre Infos* einsehen (und verändern) können, also beispielsweise Ihren Namen und Ihr Benutzerbild. Bei einem Microsoft-Konto kann das aber auch weitere online hinterlegte Angaben wie etwa Ihr Alter betreffen. Im Abschnitt *Datenschutz/Kontoinformationen* steuern Sie, inwieweit andere Apps auf diese Daten zugreifen können. Das kann erst mal harmlos sein, etwa wenn eine App Ihr Profilbild übernehmen möchte. Aber andererseits verraten die hinterlegten Daten insgesamt schon einiges und erleichtern ggf. eine Zuordnung und Verfolgung Ihrer Onlineaktivitäten.

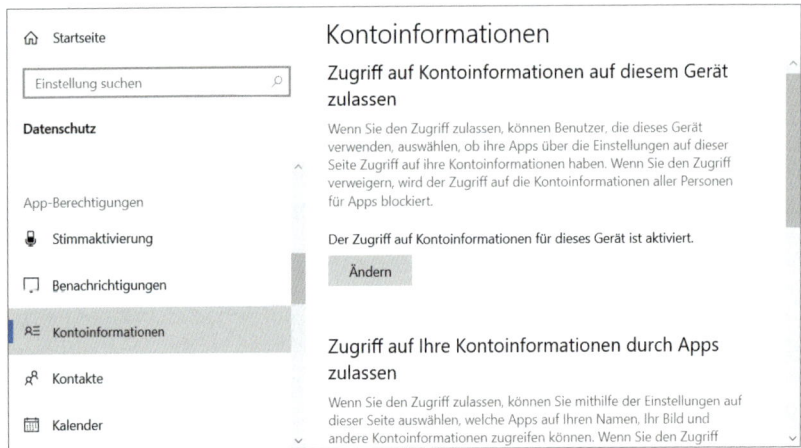

Zugriff auf Kontoinformationen auf diesem Gerät zulassen

Windows-Einstellungen: *Datenschutz/Kontoinformationen*

Diese Einstellung gibt Ihnen die Möglichkeit, Zugriffe auf Informationen zu Ihrem Microsoft-Konto grundsätzlich zu unterbinden. Das gibt Ihnen die Sicherheit, dass beispielsweise weder Windows selbst noch Apps oder Desktop-Anwendungen darauf zugreifen können. Und zugleich kann kein Benutzer (ohne Administratorrechte) diese Einstellung individuell für sich ändern.

Standard: *Ein* – Empfehlung: *Aus*

Zugriff auf Ihre Kontoinformationen durch Apps zulassen

Windows-Einstellungen: *Datenschutz/Kontoinformationen*

Wenn Sie diese Funktion einschalten, können Apps von Ihrem Microsoft-Konto – sofern Sie eines verwenden und nicht nur lokal angemeldet sind –

Informationen wie beispielsweise den Namen, Ihr Benutzerbild und andere Daten wie etwa Ihr Alter abrufen. Wenn Sie dies grundsätzlich verhindern möchten, schalten Sie diese Option *Aus*. Dann können Sie die nachfolgende App-Liste ignorieren.

Standard: *Ein* – Empfehlung: *Aus*

Apps auswählen, die Zugriff auf die Kontoinformationen haben

Windows-Einstellungen: *Datenschutz/Kontoinformationen*

Hier werden die installierten Apps aufgeführt, die Zugriff auf Ihre Kontodaten haben möchten. Für jede dieser Apps können Sie festlegen, ob Sie dies erlauben möchten oder nicht.

Empfehlung: *Aus*

Kontakte

Windows kann Kontaktinformationen wie Namen, E-Mail-Adressen, Telefonnummern sowie weitere zahlreiche Angaben zu Ihren Kommunikationspartnern erfassen. Grundsätzlich betrifft das Daten, die Sie selbst erstellen. Andererseits werden aber beispielsweise E-Mail-Adressen und Namen praktisch automatisch erfasst, wenn Sie E-Mail-Nachrichten erhalten oder versenden. Deshalb ist es sinnvoll, in den Windows-Einstellungen unter *Datenschutz/Kontakte* zu kontrollieren, welche Apps Zugriff auf diese Informationen haben dürfen.

Zugriff auf Kontakte auf diesem Gerät zulassen

Windows-Einstellungen: *Datenschutz/Kontakte*

Hiermit haben Sie die Möglichkeit, den Zugriff auf Ihre Kontakte grundsätzlich systemweit zu unterbinden. Das gibt Ihnen die Sicherheit, dass beispielsweise weder Windows selbst noch Apps oder Desktop-Anwendungen darauf zugreifen können. Und zugleich kann kein Benutzer (ohne Administratorrechte) diese Einstellung individuell für sich ändern.

Standard: *Ein* – Empfehlung: *Ein*

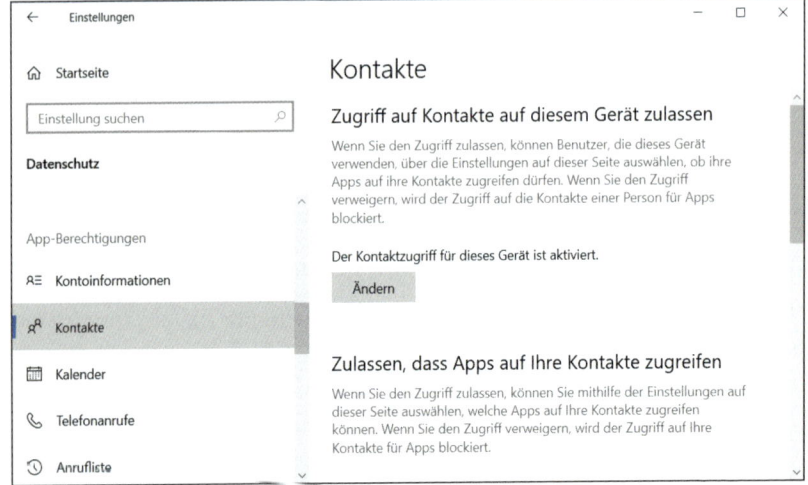

Zulassen, dass Apps auf Ihre Kontakte zugreifen

Windows-Einstellungen: *Datenschutz/Kontakte*

Wenn Sie diese Funktion einschalten, können Apps Zugriff auf die Daten Ihrer Kontaktpartner anfordern. Wenn Sie Windows-eigene Apps wie *Mail* und *Kontakte* nicht nutzen, ist diese Einstellung belanglos. Ansonsten ist es sinnvoller, die Funktion aktiv zu lassen und stattdessen zu steuern, welchen Apps Sie Zugriff auf Ihre Kontaktdaten erlauben möchten.

Standard: *Ein* – Empfehlung: *Ein*

Auswählen, welche Apps auf Ihre Kontakte zugreifen können

Windows-Einstellungen: *Datenschutz/Kontakte*

Hier finden Sie eine Liste der installierten Apps, die auf Kontaktdaten zugreifen möchten. Darin können Sie jeder App einzeln den Zugriff verweigern.

Empfehlung: nur bei einzelnen Apps *Ein*

Kalender

Ähnlich wie bei den Kontakten kann Windows auch Ihre Termine verwalten. Dazu dient vornehmlich die Kalender-App, aber auch andere Apps wie etwa *Mail* haben Zugriff. Außerdem gibt es im Store alternative Kalender-Apps, die auf die von Windows verwalteten Termine zugreifen können. Auch Anwendungen wie Outlook nutzen den Windows-eigenen Kalender.

Im Gegensatz dazu gibt es aber auch komplett unabhängige Kalenderlösungen. Wenn Sie eine davon bevorzugen, sollten Sie die Verwendung des Windows-eigenen Kalenders möglichst komplett deaktivieren. Aber auch, wenn Sie den Windows-Kalender nutzen, sollten Sie kontrollieren, welche Apps auf dessen Daten zugreifen dürfen.

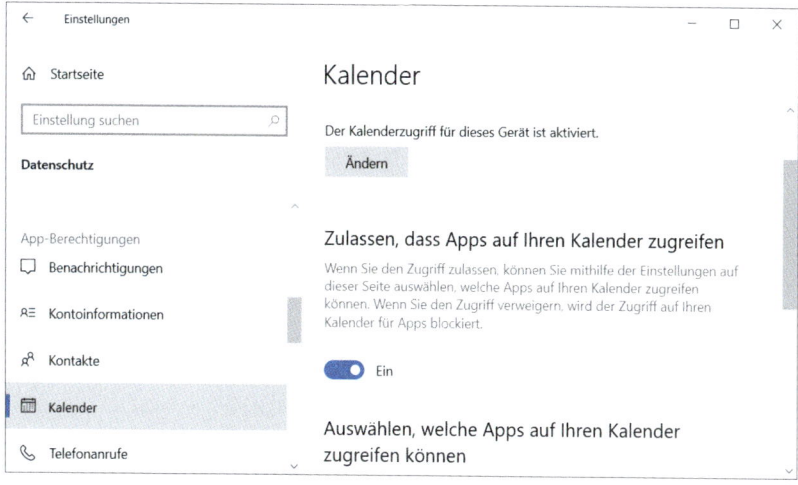

Zugriff auf Kalender auf diesem Gerät zulassen

Windows-Einstellungen: *Datenschutz/Kalender*

Diese Einstellung gibt Ihnen die Möglichkeit, den Zugriff auf Ihren Kalender grundsätzlich zu unterbinden. Das gibt Ihnen die Sicherheit, dass weder Windows noch Apps oder Desktop-Anwendungen darauf Zugriff haben. Außer-

dem kann so kein Benutzer (ohne Administratorrechte) diese Einstellung individuell für sich ändern. Um die Einstellung zu wechseln, klicken Sie zunächst
auf die *Ändern*-Schaltfläche und wählen dann *Ein* bzw. *Aus*.

Standard: *Ein* – Empfehlung: *Aus*

Zulassen, dass Apps auf Ihren Kalender zugreifen

Windows-Einstellungen: *Datenschutz/Kalender*

Wenn Sie diese Funktion einschalten, können Apps Zugriff auf Ihre Termine
anfordern. Wenn Sie den Windows-eigenen Kalender nicht nutzen, ist diese
Einstellung belanglos. Ansonsten ist es sinnvoller, die Funktion aktiv zu lassen und stattdessen zu steuern, welchen Apps Sie Zugriff auf Ihre Termine
erlauben möchten.

Standard: *Ein* – Empfehlung: *Ein*

Auswählen, welche Apps auf Ihren Kalender zugreifen können

Windows-Einstellungen: *Datenschutz/Kalender*

Hier werden die installierten Apps aufgeführt, die Zugriff auf Ihre Termine
haben möchten. Für jede dieser Apps können Sie festlegen, ob Sie dies erlauben möchten oder nicht.

Empfehlung: nur, wo erforderlich *Ein*

Telefonanrufe

Die Einstellungen unter *Datenschutz/Telefonanrufe* sind interessant, wenn Ihr PC über ein eingebautes (oder per USB angeschlossenes) Mobilfunkmodem verfügt. Darüber können Anrufe ausgeführt und auch entgegengenommen werden. Aber auch, wenn Sie auf Ihrem PC VoIP-Apps verwenden, sollten Sie diesen Einstellungen Beachtung schenken. Die Optionen in diesem Abschnitt regeln, welche Apps auf eingehende Anrufe reagieren bzw. selbst Verbindungen aufbauen dürfen.

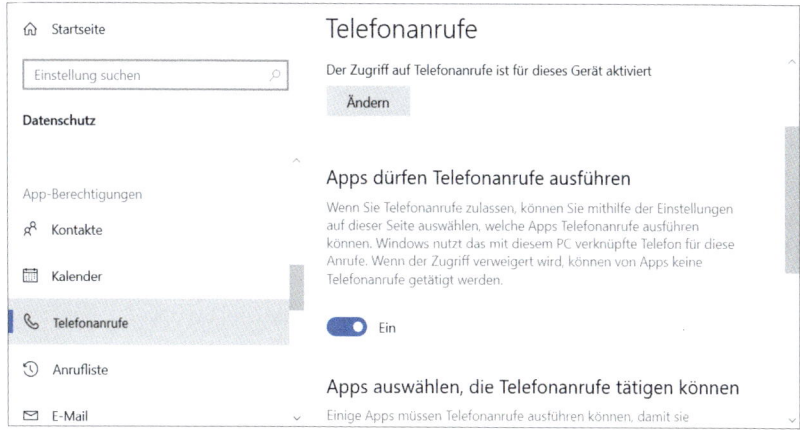

Telefonanrufe auf diesem Gerät zulassen

Windows-Einstellungen: *Datenschutz/Telefonanrufe*

Diese Option gibt Ihnen die Möglichkeit, den Zugriff auf Telefonanrufe grundsätzlich systemweit zu unterbinden. Damit haben Sie die Sicherheit, dass weder Windows selbst noch Apps oder Desktop-Anwendungen darauf zugreifen können. Gleichzeitig kann kein Benutzer (ohne Administratorrechte) diese Einstellung individuell für sich ändern. Wenn Sie den PC grundsätzlich nicht zum Telefonieren verwenden möchten, sollten Sie diese Option *Aus* schalten und können dann die darunter stehenden Optionen ignorieren.

Standard: *Ein* – Empfehlung: *Aus*

Apps dürfen Telefonanrufe ausführen

Windows-Einstellungen: *Datenschutz/Telefonanrufe*

Wenn Sie diese Funktion einschalten, können Apps Zugriff auf Telefonfunktionen anfordern. Falls Sie mit dem PC telefonieren möchten, müssen Sie diese Option auf *Ein* schalten. In diesem Fall sollten Sie mit der Liste darunter kontrollieren, welche Apps Zugriff auf Telefonanrufe haben dürfen.

Standard: *Ein* – Empfehlung: *Aus*

Apps auswählen, die Telefonanrufe tätigen können

Windows-Einstellungen: *Datenschutz/Telefonanrufe*

Hier werden die installierten Apps aufgeführt, die Zugriff auf Telefonanrufe nehmen könnten. Für jede dieser Apps können Sie festlegen, ob Sie dies erlauben möchten oder nicht. Stellen Sie sicher, dass der Zugriff nur bei Apps auf *Ein* steht, die Sie auch tatsächlich für diesen Zweck verwenden möchten. **Hinweis:** Die Windows-App *Kontakte* ist in der Liste nicht separat aufgeführt, hat aber grundsätzlich immer Zugriff auf Telefonanrufe, sofern dieser nicht mit den darüber stehenden Optionen global deaktiviert wurde.

Empfehlung: nur, wo erforderlich *Ein*

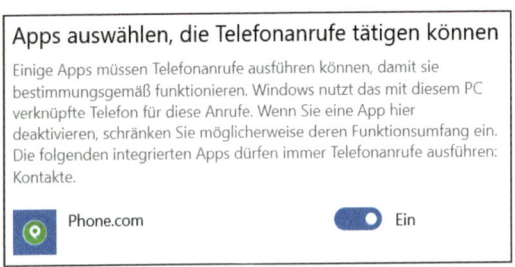

Apps auswählen, die Telefonanrufe tätigen können

Einige Apps müssen Telefonanrufe ausführen können, damit sie bestimmungsgemäß funktionieren. Windows nutzt das mit diesem PC verknüpfte Telefon für diese Anrufe. Wenn Sie eine App hier deaktivieren, schränken Sie möglicherweise deren Funktionsumfang ein. Die folgenden integrierten Apps dürfen immer Telefonanrufe ausführen: Kontakte.

Phone.com   Ein

Anrufliste

In Abgrenzung zum vorangehenden Abschnitt geht es bei der *Anrufliste* nicht um die Telefonanrufe selbst, sondern »nur« um die Information, welche Anrufe Sie wann mit wem geführt haben bzw. welche Kontakte wann ggf. erfolglos versucht haben, Sie zu erreichen. Auch diese Information stellt Windows prinzipiell systemweit zur Verfügung, sodass alle Apps sich daran bedienen können.

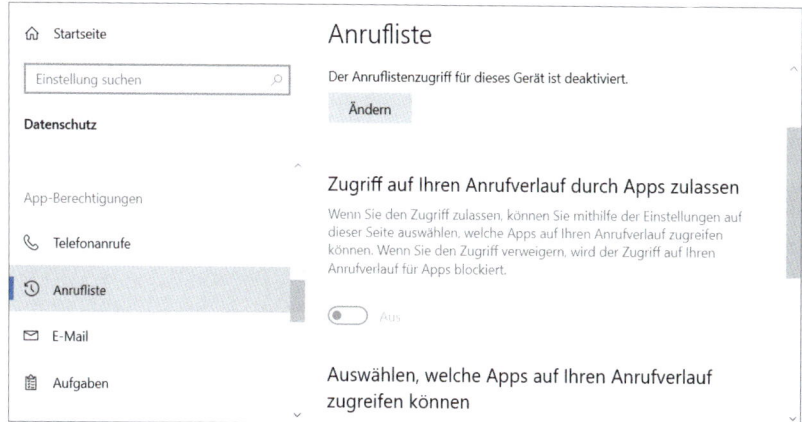

Zugriff auf den Anrufverlauf auf diesem Gerät zulassen

Windows-Einstellungen: *Datenschutz/Anrufliste*

Diese Einstellung gibt Ihnen die Möglichkeit, den Zugriff auf Ihre Anrufliste grundsätzlich systemweit zu unterbinden. Das gibt Ihnen die Sicherheit, dass beispielsweise weder Windows selbst noch Apps oder Desktop-Anwendungen darauf zugreifen können. Zudem kann kein Benutzer (ohne Administratorrechte) diese Einstellung individuell für sich ändern. Um diese Option zu verändern, klicken Sie zunächst auf die *Ändern*-Schaltfläche und wählen dann *Ein* bzw. *Aus*.

Standard: *Ein* – Empfehlung: *Aus*

Zugriff auf Ihren Anrufverlauf durch Apps zulassen

Windows-Einstellungen: *Datenschutz/Anrufliste*

Mit dieser Funktion können Apps Zugriff auf die Liste Ihrer durchgeführten und erhaltenen Anrufe erlangen. Wenn Sie mit Ihrem PC ohnehin nicht telefonieren (VoIP oder Skype), ist diese Einstellung belanglos. Ansonsten ist es sinnvoller, die Funktion zu deaktivieren, da die zum Telefonieren verwendeten Apps meist einen eigenen Verlauf führen. Nur wenn Sie zum Telefonieren mehrere Apps im Wechsel nutzen, kann es sinnvoll sein, dies zu erlauben und mit den nachfolgenden Einstellungen auf die verwendeten Apps zu beschränken.

Standard: *Ein* – Empfehlung: *Aus*

Auswählen, welche Apps auf Ihren Anrufverlauf zugreifen können

Windows-Einstellungen: *Datenschutz/Anrufliste*

Hier werden die installierten Apps aufgeführt, die Zugriff auf Ihre Anrufliste haben möchten. Für jede dieser Apps können Sie festlegen, ob Sie dies erlauben möchten oder nicht.

Empfehlung: nur bei einzelnen Apps *Ein*

E-Mail

Wenn Sie Mails über die in Windows integrierten Mechanismen wie die Mail-App empfangen, können auch andere Apps auf diese Nachrichten zugreifen, auch wenn die entsprechenden Mailkonten darin gar nicht eingerichtet sind. Solche Apps können also »mitlesen«, wer Ihnen wann was schreibt. Das kann in Ausnahmesituationen sinnvoll sein, wenn eine App beispielsweise auf bestimmte Nachrichten reagieren und dann aktiv werden soll. In der Regel wird man das aber nicht benötigen und sollte diese Funktion deshalb ausschalten.

Wenn Sie ein von Microsoft unabhängiges Mailprogramm wie etwa Thunderbird verwenden, sind diese Einstellungen aber ohnehin belanglos, weil sie den Windows-eigenen Mechanismus nicht verwenden. Man kann das recht zuverlässig daran erkennen, ob Hinweise auf neue E-Mails über Windows-Benachrichtigungen in der Seitenleiste am rechten Bildschirmrand oder über eigene Hinweisfenster erfolgen. So oder so empfiehlt es sich aber auch in diesem Fall, den Zugriff von anderen Apps auf E-Mails in den Datenschutzoptionen zu deaktivieren.

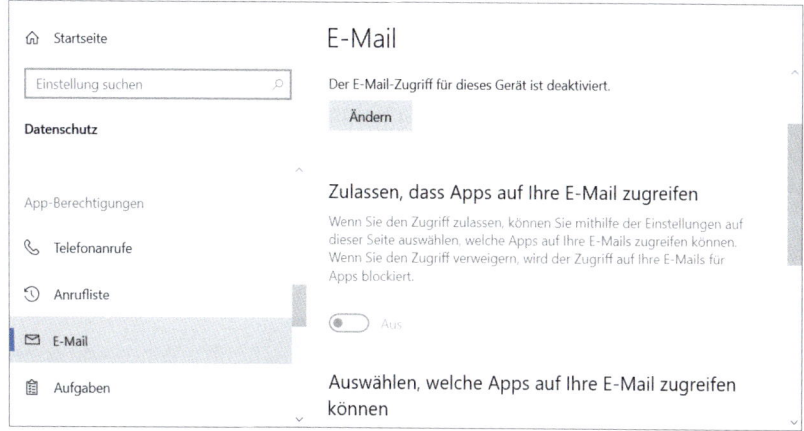

Zugriff auf E-Mail auf diesem Gerät zulassen

Windows-Einstellungen: *Datenschutz/E-Mail*

Diese Einstellung gibt Ihnen die Möglichkeit, den Zugriff auf Ihre Mails systemweit zu unterbinden. Das gibt Ihnen die Sicherheit, dass weder Windows noch Apps oder Desktop-Anwendungen darauf Zugriff haben. Und zugleich kann kein Benutzer (ohne Administratorrechte) diese Einstellung individuell für sich ändern.

Standard: *Ein* – Empfehlung: *Aus*

Zulassen, dass Apps auf Ihre E-Mail zugreifen

Windows-Einstellungen: *Datenschutz/E-Mail*

Ist diese Funktion eingeschaltet, dürfen Apps auf Ihre E-Mails zugreifen und auch selbst auf diesem Wege E-Mails versenden. Wenn Sie anstelle der Windows-eigenen Mail-App eine andere E-Mail-Anwendung nutzen, ist diese Einstellung belanglos. Ansonsten können Sie sie eingeschaltet lassen, damit andere Apps bei Bedarf Mails versenden können. Sie sollten dann aber darunter kontrollieren, welchen Apps Sie das erlauben möchten.

Standard: *Ein* – Empfehlung: *Aus*

Auswählen, welche Apps auf Ihre E-Mail zugreifen können

Windows-Einstellungen: *Datenschutz/E-Mail*

Hier werden alle installierten Apps aufgeführt, die Zugriff auf Mails haben bzw. selbst E-Mails versenden möchten. Für jede dieser Apps können Sie festlegen, ob Sie das erlauben möchten oder nicht.

Empfehlung: nur bei einzelnen Apps *Ein*

Aufgaben

Mit den Windows-eigenen Apps wie *Mail* und *Kalender* können Sie neben Terminen auch Aufgaben erstellen. So lässt sich eine praktische To-do-Liste pflegen oder man erhält rechtzeitig eine Erinnerung, bevor wichtige Fristen ablaufen. Wie immer stellt Windows diese Informationen auf Wunsch aber auch anderen Apps zur Verfügung.

Das kann sinnvoll sein, wenn man etwa eine alternative App zur Aufgaben-planung einsetzen möchte. Ansonsten aber sollte man dies eher unterbin-den, weil es andere Apps erst mal nichts angeht, welche Aufgaben Sie für sich selbst geplant haben.

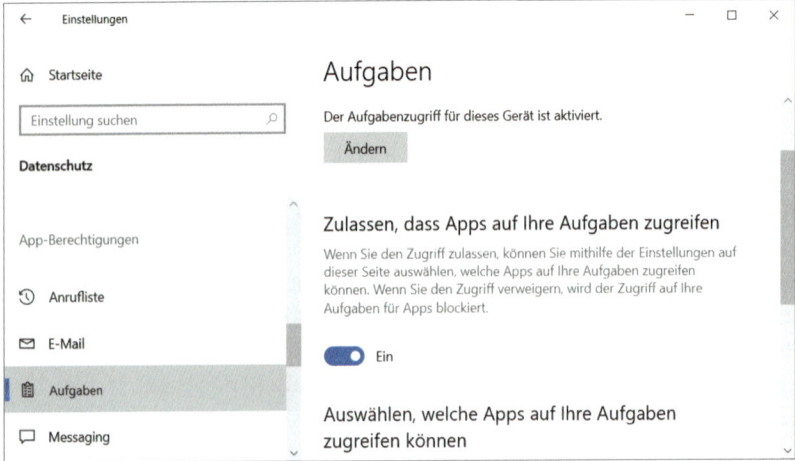

Zugriff auf Aufgaben auf diesem Gerät zulassen

Windows-Einstellungen: *Datenschutz/Aufgaben*

Damit können Sie den Zugriff auf Aufgaben systemweit unterbinden. So haben Sie die Sicherheit, dass weder Windows selbst noch Apps oder Desktop-Anwendungen darauf zugreifen können. Und zugleich kann kein Benutzer (ohne Administratorrechte) diese Option individuell ändern. Insbesondere wenn Sie die Aufgabenplanung an dem PC nicht nutzen oder auch eine ganz andere Lösung dafür verwenden, empfiehlt es sich, diese Einstellung auf *Aus* zu schalten.

Standard: *Ein* – Empfehlung: *Aus*

Zulassen, dass Apps auf Ihre Aufgaben zugreifen

Windows-Einstellungen: *Datenschutz/Aufgaben*

Wenn Sie diese Funktion einschalten, können Apps Zugriff auf Ihre Aufgaben anfordern. Wenn Sie den Windows-eigenen Kalender nicht nutzen, ist diese Einstellung belanglos. Ansonsten ist es sinnvoller, die Funktion aktiv zu lassen und stattdessen zu steuern, welchen Apps Sie Zugriff auf Ihre Aufgaben erlauben möchten.

Standard: *Ein* – Empfehlung: *Aus*

Auswählen, welche Apps auf Ihre Aufgaben zugreifen können

Windows-Einstellungen: *Datenschutz/Aufgaben*

Hier werden alle installierten Apps aufgeführt, die Zugriff auf Aufgaben haben bzw. selbst Aufgaben erstellen möchten. Für jede dieser Apps können Sie festlegen, ob Sie das erlauben möchten oder nicht.

Hinweis: Die Windows-eigenen Apps *Mail* und *Kalender* sind in dieser Liste nicht aufgeführt, haben aber grundsätzlich Zugriff auf die Aufgabenliste, sofern dieser nicht durch Optionen darüber pauschal unterbunden ist.

Empfehlung: nur bei einzelnen Apps *Ein*

Messaging

Unter Messaging versteht Windows das Lesen und Senden von SMS oder MMS. Deshalb ist diese Funktion nur bei Geräten relevant, die über die entsprechende Hardware (GSM-Modul und SIM-Karte) verfügen bzw. wenn solche Hardware ggf. per USB angeschlossen wird. Ist eine solche Schnittstelle vorhanden, stellt Windows diese ggf. allen Apps zur Verfügung, die dies wünschen. Das ist schon allein deshalb problematisch, weil Apps dadurch eventuell eigenmächtig Nachrichten versenden und damit Kosten verursachen können. Aber es bedeutet eben auch, dass solche Apps alle Ihre SMS »mitlesen« können und so erfahren, wer Ihnen wann welche Botschaft gesendet hat.

Zugriff auf Messaging auf diesem Gerät zulassen

Windows-Einstellungen: *Datenschutz/Messaging*

Mit dieser Option haben Sie die Möglichkeit, den Zugriff auf Ihre SMS/MMS grundsätzlich systemweit zu unterbinden und somit die Sicherheit, dass beispielsweise weder Windows selbst noch Apps oder Desktop-Anwendungen darauf zugreifen können. Und zugleich kann kein Benutzer (ohne Administratorrechte) das individuell für sich ändern.

Standard: *Ein* – Empfehlung: *Aus*

Zulassen, das Apps Nachrichten lesen oder senden

Windows-Einstellungen: *Datenschutz/Messaging*

Hiermit können Sie den Zugriff von Apps auf diese Funktionen pauschal blockieren. Das empfiehlt sich in jedem Fall, wenn Ihr Rechner dazu zwar in der Lage ist, Sie dies aber nicht nutzen möchten.

Standard: *Ein* – Empfehlung: *Aus*

Auswählen, welche Apps Nachrichten lesen oder senden können

Windows-Einstellungen: *Datenschutz/Messaging*

Diese Liste umfasst alle installierten Apps, die SMS- oder MMS-Nachrichten lesen oder schreiben möchten. Es empfiehlt sich dringend, hier alle Apps auszuschalten, mit denen Sie nicht SMS oder MMS lesen und schreiben möchten.

Empfehlung: nur bei einzelnen Apps *Ein*

Funktechnik

Unter Funktechnik sind drahtlose Technologien im Nahbereich wie Bluetooth zu verstehen. Das sind praktische Helfer, um sich drahtlos mit Geräten zu verbinden oder beispielsweise kontaktlos zu bezahlen. Aber es gibt aus Sicht des Datenschutzes eine Kehrseite, wie beispielsweise auch die Corona-Warn-App demonstriert hat. Mit Bluetooth wird hier eine Kontaktverfolgung ermöglicht. Die App überwacht laufend die Bluetooth-Schnittstelle und erfasst, welche anderen Bluetooth-Geräte sich in Reichweite befinden. Diese Informationen werden gesammelt und zusammengeführt und erlauben es so, Kontakte zwischen Personen nachzuvollziehen. Auf die gleiche Weise kann man auch Bewegungsprofile erstellen, wenn sich die Bluetooth-Kontakte bestimmten fest installierten Geräten zuordnen lassen.

Aus Sicht des Datenschutzes ist es deshalb dringend geboten, den Zugriff auf solche Technologien stark einzuschränken. Sicherlich will nicht jeder auf Bluetooth verzichten, aber zumindest sollte man den Zugriff darauf auf Apps beschränken, die diesen für ihre Aufgabe wirklich benötigen und denen man ausreichendes Vertrauen entgegenbringt.

Zugriff auf die Funktechnik auf diesem Gerät zulassen

Windows-Einstellungen: *Datenschutz/Funktechnik*

Mit dieser Option legen Sie fest, ob Apps auf diesem Gerät solche Technologien nutzen dürfen. Ist die Option ausgeschaltet, wird dies grundsätzlich unterbunden. Die Technik ist dann auch anderen Benutzern verwehrt (sofern
diese keine Administratorrechte haben und diese Option ändern können).
Wenn die Option eingeschaltet ist, können Sie (sowie ggf. andere Benutzer)
wählen, ob solche Funktechnik verwendet werden darf. Dann können Sie
auch weiter unten in der App-Liste genau festlegen, welche App zugreifen
darf und welche nicht.

Standard: *Ein* – Empfehlung: *Aus*

Zulassen, dass Apps die Funktechnik des Geräts steuern

Windows-Einstellungen: *Datenschutz/Funkempfang*

Bluetooth und Co. können nach Bedarf ein- oder ausgeschaltet werden, was
üblicherweise dem Nutzer überlassen bleibt. Windows ermöglicht es aber
auch Apps, den Bluetooth-Status zu steuern, beispielsweise um mit anderen
Geräten Kontakt aufnehmen zu können. Wenn Sie das nicht möchten, können

Sie es hier ausschalten. Alternativ lassen Sie die Option aktiviert und kontrollieren mit der Liste darunter, welche Apps dazu berechtigt sind.

Standard: *Ein* – Empfehlung: *Aus*

Wählen Sie aus, welche Apps auf Ihrem Gerät Funktechnik steuern können

Windows-Einstellungen: *Datenschutz/Funkempfang*

Hier sind alle installierten Apps aufgeführt, die Funktionen zum Steuern des Funkempfangs enthalten. Mit dem Schalter bei jedem Eintrag können Sie diese Berechtigung für jede App einzeln zulassen oder ablehnen. Auch Windows selbst ist hier eingetragen. Ist dessen Eintrag auf *Ein* gestellt, kann Windows selbst jederzeit den Funkstatus verändern.

Empfehlung: nur bei einzelnen Apps *Ein*

Weitere Geräte

Neben WLAN und Bluetooth können Geräte weitere Drahtlostechnologien verwenden, die kein ausdrückliches vorheriges Anlernen von Geräten erfordern, beispielsweise **N**ear **F**ield **C**ommunication (NFC). Diese kennt man beispielsweise vom kontaktlosen Bezahlen per Smartphone. Aber es gibt auch Beacons (auf Deutsch »Leuchtfeuer«), die beispielsweise in Geschäften eingesetzt werden, um Bewegungsprofile von Kunden zu erstellen. Solche Technologien werden in den Datenschutzeinstellungen im Abschnitt *Weitere Geräte* zusammengefasst.

Mit nicht gekoppelten Geräten kommunizieren

Windows-Einstellungen: *Datenschutz/Weitere Geräte*

Diese Option steuert, ob Apps grundsätzlich auf die Schnittstellen zugreifen dürfen, über die Ihr PC mit nicht gekoppelten Drahtlosgeräten kommunizieren kann. Wenn Sie diese Technologie nicht einsetzen möchten, sollten Sie diese Funktion deaktivieren.

Standard: *Ein* – Empfehlung: *Aus*

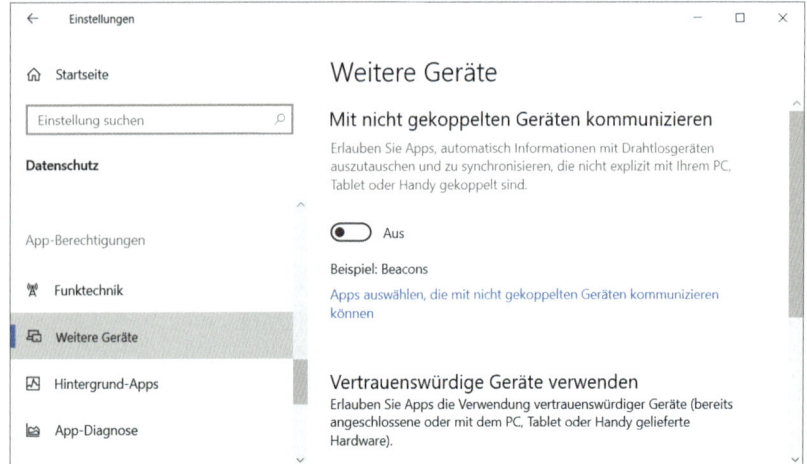

Apps auswählen, die mit nicht gekoppelten Geräten kommunizieren können

Windows-Einstellungen: *Datenschutz/Weitere Geräte*

Hinter diesem Link verbirgt sich eine Liste aller installierten Apps, die Draht-
lostechniken ohne vorherige Koppelung durch den Anwender verwenden
möchten. So können Sie den Einsatz dieser Technologie auf solche Apps be-
grenzen, bei denen Sie dies ausdrücklich wünschen. Das sollte dementspre-
chend auch nur bei Apps erfolgen, deren Funktion mit solchen Technologi-
en zu tun hat und die Sie gern nutzen möchten.

Empfehlung: nur bei einzelnen Apps *Ein*

Vertrauenswürdige Geräte verwenden

Windows-Einstellungen: *Datenschutz/Weitere Geräte*

Eine weitere Möglichkeit ist die Liste der vertrauenswürdigen Geräte. Hier
werden alle Geräte, zu denen der Anwender schon mal eine Verbindung
hergestellt hat (oder die bereits »ab Werk« mit dem PC verbunden wurden),
aufgeführt. Gegebenenfalls werden außerdem die Dienste aufgelistet, die
das jeweilige Gerät bereitstellt. Apps dürfen mit solchen vertrauenswürdigen
Geräten kommunizieren, auch wenn sie nicht ausdrücklich mit der jeweiligen

App gekoppelt wurden. So können Sie steuern, welche Funktionen bei welchem Gerät erlaubt sind. Dies muss allerdings regelmäßig kontrolliert werden, da die Standardeinstellung für neue Geräte und deren Dienste immer *Ein* ist.

Standard: *Ein* – Empfehlung: *Aus*

Hintergrund-Apps

Grundsätzlich kann jede App im Hintergrund laufen, wenn der Entwickler sie entsprechend gestaltet hat. Allerdings kann Windows dies unterbinden. Apps werden dann grundsätzlich angehalten, wenn sie vom Benutzer nicht aktiv im Vordergrund angezeigt und genutzt werden. Dies spart nicht nur Energie, sondern ggf. auch Mobildaten.

Auch aus Sicht des Datenschutzes ist es sinnvoll, wenn man Apps zuverlässig beenden kann, sobald man sie nicht mehr aktiv verwendet. Allerdings werden einige Apps dann nicht mehr oder nur noch eingeschränkt funktionieren. Apps beispielsweise im Bereich Messaging, Nachrichten oder Wetter sind nun mal darauf angewiesen, im Hintergrund regelmäßig aktuelle Daten abzurufen.

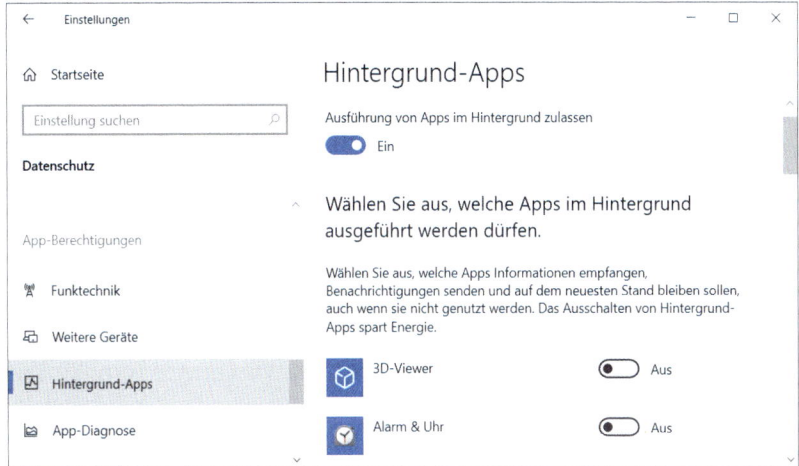

Ausführung von Apps im Hintergrund zulassen

Windows-Einstellungen: *Datenschutz/Hintergrund-Apps*

Mit dieser Einstellung steuern Sie grundlegend, ob Windows Apps im Hintergrund ausführen darf oder nicht. Es ist verführerisch, dies einfach pauschal zu deaktivieren, insbesondere da man dadurch auch noch Energie sparen kann. Da manche Apps dann aber nicht mehr zuverlässig funktionieren werden, ist es besser, diese Option aktiviert zu lassen und stattdessen mit der nachfolgenden Einstellung festzulegen, welche Apps im Hintergrund aktiv sein dürfen bzw. welche nicht.

Standard: *Ein* – Empfehlung: *Ein*

Wählen Sie aus, welche Apps im Hintergrund ausgeführt werden dürfen

Windows-Einstellungen: *Datenschutz/Hintergrund-Apps*

In dieser Liste sind alle installierten Apps aufgeführt, die auch im Hintergrund aktiv bleiben möchten. An jedem Eintrag finden Sie einen Schalter, mit dem Sie diese Funktion für diese App ausschalten können. Gehen Sie die Liste durch und schalten Sie alle Apps auf *Aus*, bei denen Sie sich von Hintergrundaktivitäten keinen Vorteil versprechen.

Sollte es anschließend bei einzelnen Apps zu Problemen oder Fehlermeldungen kommen, können Sie die App hier einfach wieder aktivieren. Ohnehin sollten Sie die Liste von Zeit zu Zeit kontrollieren, falls neue Apps mit der Standardeinstellung *Ein* hinzugefügt werden.

Empfehlung: nur Apps aktivieren, von denen Sie zeitnahe Hinweise auf neue Mitteilungen oder Informationen erwarten.

App-Diagnose

Auf Seite 26 stelle ich mit dem *Data Diagnostic Viewer* eine App vor, mit der Sie sich Einblick in die umfangreichen von Windows erfassten Telemetriedaten über Ihren PC und die darauf laufenden Apps verschaffen können. Diese Schnittstelle steht prinzipiell jeder App zur Verfügung, die sich für solche Daten interessiert.

Damit nun aber nicht jede App jede andere ausspioniert, kann Windows mit den Einstellungen unter *Datenschutz/App-Diagnose* verhindern, dass Apps Diagnoseinformationen anderer Apps auslesen können.

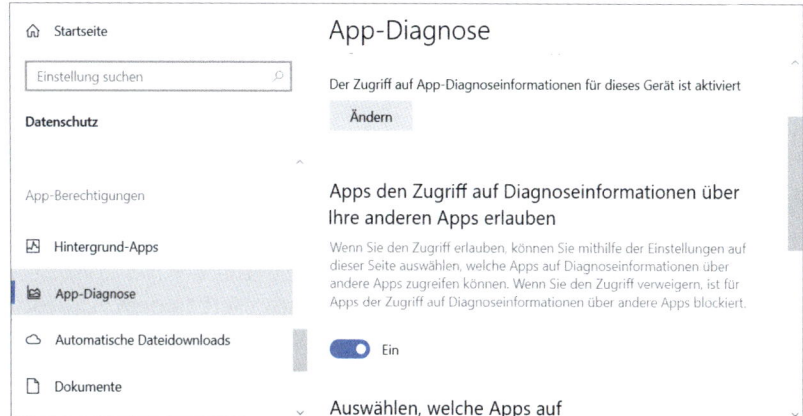

Zugriff auf App-Diagnoseinformationen auf diesem Gerät zulassen

Windows-Einstellungen: *Datenschutz/App-Diagnose*

Mit dieser Einstellung schalten Sie die Schnittstelle zur App-Diagnose ab und sorgen dafür, dass sie auch von anderen Benutzern (ohne Administratorrechte) nicht wieder aktiviert werden kann. Das ist unbedingt empfehlenswert, sofern Sie keine Apps installiert haben, die ausdrücklich auf diese Daten zugreifen sollen, etwa um das System zu überwachen und zu optimieren. Dann muss diese Option eingeschaltet sein. Allerdings sollten Sie dann die nachfolgende Einstellung nutzen, um den Zugriff genau auf diese Apps zu beschränken.

Standard: *Ein* – Empfehlung: *Aus*

Apps den Zugriff auf Diagnoseinformationen über Ihre anderen Apps erlauben

Windows-Einstellungen: *Datenschutz/App-Diagnose*

Diese Einstellung legt fest, ob Apps Diagnosedaten zu anderen Apps einsammeln dürfen. Auch hier gilt: Standardmäßig sollte das nicht zulässig sein.

Es sei denn, Sie nutzen ausdrücklich eine App, die genau das tun soll. Dann muss diese Option eingeschaltet und die betreffende App in der Liste darunter aktiviert werden.

Standard: *Ein* – Empfehlung: *Aus*

Auswählen, welche Apps auf Diagnoseinformationen über andere Apps zugreifen können

Windows-Einstellungen: *Datenschutz/App-Diagnose*

Hier finden Sie eine Liste der installierten Apps, die auf Diagnoseinformationen zugreifen können. Stellen Sie sicher, dass nur solche Apps auf *Ein* stehen, bei denen Sie dies ausdrücklich wünschen. Sollte die Liste leer sein, umso besser. Dann ist bislang keine entsprechende App installiert. In dem Fall sollte die Einstellung oben ganz *Aus* geschaltet werden.

Empfehlung: nur für Apps aktivieren, von denen Sie sich konkret Hilfe bei der Überwachung und/oder Optimierung Ihres PCs erwarten.

Automatische Dateidownloads

Windows kann es Apps ermöglichen, auf Cloud-Speicher wie OneDrive zuzugreifen, um dort Dateien zu lesen oder zu speichern. Allerdings erhalten Sie in diesem Fall eine Benachrichtigung über das Info-Center am rechten Bildschirmrand.

Hier können Sie den Zugriff ablehnen und diese App dauerhaft dafür sperren. Solche Apps tauchen hier in der Liste auf, falls Sie die Sperre später wieder aufheben möchten.

Automatische Dateidownloads

Windows-Einstellungen: *Datenschutz/Automatische Dateidownloads*

Empfehlung: Sperre nur aufheben, wenn Sie einer App ausdrücklich den Zugriff auf Onlinespeicher gestatten möchten.

Dokumente, Bilder, Videos und Dateisystem

Die vier Unterrubriken der Datenschutzeinstellungen *Dokumente*, *Bilder*, *Videos* sowie *Dateisystem* kontrollieren den Zugriff von Apps auf diese Bereiche Ihrer Dateien.

Die Einstellungen für alle vier Bereiche sind gleich, deshalb stelle ich nur die Einstellungen für *Dokumente* beispielhaft vor:

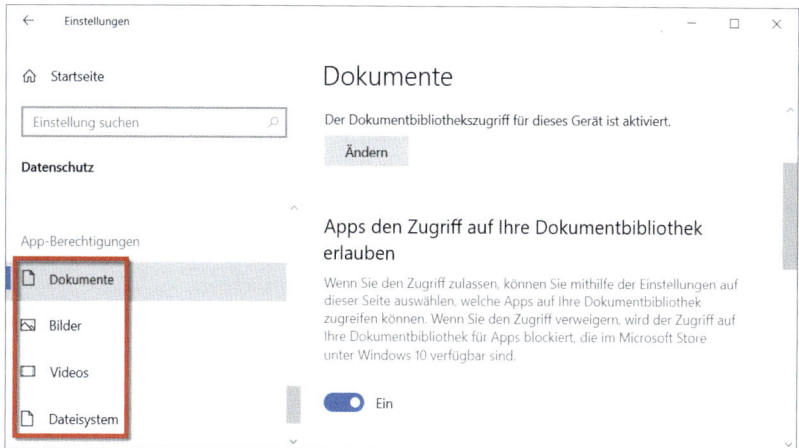

- **Zugriff auf Dokumentbibliothek auf diesem Gerät zulassen**
  Ganz oben stellen Sie ein, ob die Benutzer dieses Gerätes eigene Einstellungen für den Zugriff von Apps auf die Bibliotheken wählen dürfen. Andernfalls wird der Zugriff für Apps systemweit blockiert. Die weiteren Optionen auf dieser Seite sind dann auch nicht mehr zugänglich. Da diese Einstellungen nur Benutzern mit Administratorrechten zugänglich sind, können sie auch nur von solchen verändert werden. Empfehlung: *Ein*

- **Apps den Zugriff auf Ihre Dokumentbibliothek erlauben**
  Wenn der Zugriff oben grundsätzlich erlaubt ist, kann jeder Anwender mit dieser Option festlegen, ob Apps grundsätzlich Zugriff auf die Bibliothek Ihrer Dokumente haben sollen. Empfehlung: *Ein*

- **Apps auswählen, die Zugriff auf Ihre Dokumentbibliothek haben**
  Darunter finden Sie eine Liste der Apps, die bislang Zugriff auf Dokumente genommen haben. Standardmäßig erlaubt Windows dies, wenn die Option oben entsprechend gesetzt ist. Sie können aber hier einzelnen Apps das Zugriffsrecht nachträglich wieder entziehen, indem Sie den zu dieser App gehörenden Schalter auf *Aus* stellen. Empfehlung: nur bei ausgewählten Apps *Ein*

Datenschutzlücken auf dem Sperrbildschirm schließen

Ja, es gibt auch Datenschutzlücken direkt auf der Windows-Oberfläche. Insbesondere der Sperrbildschirm ist ein Wackelkandidat, der einerseits den PC vor unerwünschten Zugriffen schützen soll, andererseits dem Benutzer wichtige Informationen zukommen lassen möchte, ohne dass dieser jedes Mal das Gerät entsperren muss. Und dieser Spagat zwischen Schutz und Komfort kann schiefgehen. Denn was auf dem Sperrbildschirm angezeigt wird, ist unter Umständen eben nicht nur dem berechtigten Benutzer zugänglich.

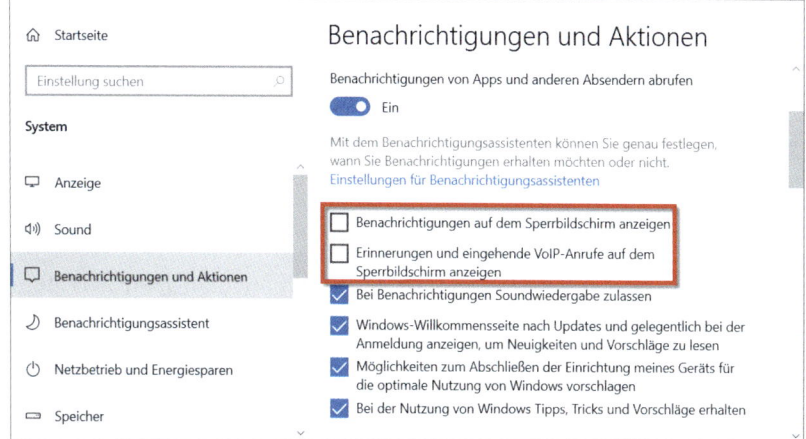

Benachrichtigungen auf dem Sperrbildschirm anzeigen

Windows-Einstellungen: *System/Benachrichtigungen und Aktionen*

Diese Einstellung ist insofern problematisch, als der Sperrbildschirm von jedem eingesehen werden kann. Wenn Sie Ihren PC gesperrt eingeschaltet lassen und er währenddessen neue Nachrichten empfängt, werden Benachrichtigungen auf dem Sperrbildschirm angezeigt. Jeder, der physischen Zugang zu Ihrem PC hat, kann diese einsehen und somit beispielsweise den Betreff einer eingegangenen E-Mail oder SMS oder auch die Beschreibung eines anstehenden Termins lesen. Wenn Sie dies vermeiden möchten, sollten Sie diese Einstellung deaktivieren.

Standard: *Ein* – Empfehlung: *Aus*

Erinnerungen und eingehende VoIP-Anrufe auf dem Sperrbildschirm anzeigen

Windows-Einstellungen: *System/Benachrichtigungen und Aktionen*

Genau wie bei der vorangehend beschriebenen Einstellung kann das dazu führen, dass Ihr gesperrter PC Informationen anzeigt, die von anderen Personen in Ihrer Abwesenheit gelesen werden können. Diese können so erfahren, welche Termine Sie haben oder von wem Sie in Abwesenheit Anrufe erhalten. Wenn Sie dies vermeiden möchten, sollten Sie diese Einstellung deaktivieren.

Standard: *Ein* – Empfehlung: *Aus*

Eine App auswählen, für die ausführliche Statusinfos auf dem Sperrbildschirm angezeigt werden

Windows-Einstellungen: *Personalisierung/Sperrbildschirm*

Mit dieser Einstellung bestimmen Sie eine App, die auf dem Sperrbildschirm nicht nur ein Symbol, sondern ausführlichere Informationen anzeigen darf. Ist dies beispielsweise Ihr Kalender oder Facebook, kann es dazu führen, dass persönliche Informationen angezeigt werden. Die kann jeder einsehen, denn selbst ein abgeschalteter Bildschirm lässt sich mit einfachem Tastendruck zum Leben erwecken. Dann werden der Sperrbildschirm – und mit ihm die Informationen – angezeigt. Wenn Sie diesbezüglich Bedenken haben, sollten Sie hier also *Keiner* oder alternativ eine App wie *Wetter* wählen, deren Anzeige datenschutzmäßig unproblematisch ist.

Standard: *Kalender* – Empfehlung: *Keiner*

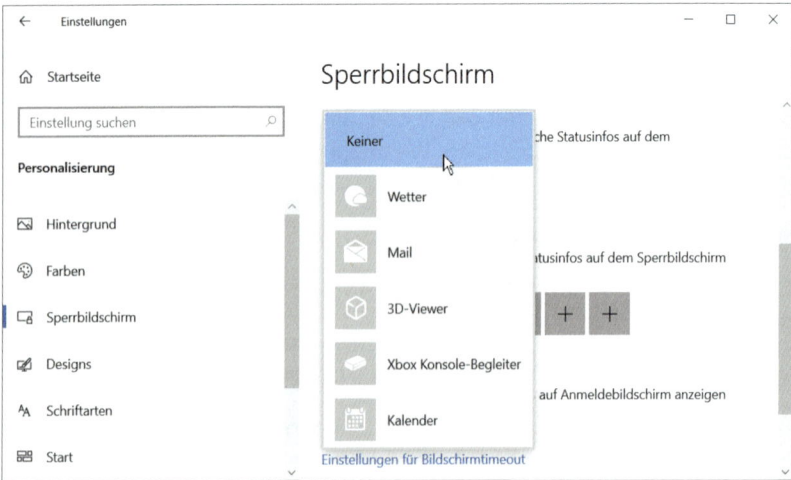

Hintergrund

Windows-Einstellungen: *Personalisierung/Sperrbildschirm*

Der Hintergrund des Sperrbildschirms kann problematisch sein, wenn Sie es bei der Standardeinstellung *Windows-Blickpunkt* belassen. Dann lädt Ihr PC regelmäßig neue Hintergrundbilder für diesen Zweck von Microsofts Servern herunter, die zugegebenermaßen oftmals eine Augenweide sind. Die Kehrseite ist, dass solche Downloads gewisse Rückschlüsse zulassen, wie oft und wie lange Sie Ihren PC nutzen (wobei Microsoft solche Informationen über die Windows-Eigendiagnose wohl ohnehin erlangt). Nerviger sind deshalb eher noch die regelmäßigen »Tipps« und Hinweise auf aktuelle Aktionen im Store. Das alles kann man sich ersparen, indem man ein eigenes Bild oder auch eine Diashow anzeigt. Dann wird jeweils ein anderes Bild aus dem dafür gewählten Ordner als Hintergrund des Sperrbildschirms verwendet.

Standard: *Windows-Blickpunkt* – Empfehlung: *Bild* oder *Diashow*

4. Weitere Windows-Apps und -Funktionen

Auch in verschiedenen Windows-Funktionen und mitgelieferten Apps gibt es wichtige Einstellungen, mit denen Sie die Datensparsamkeit und Verschwiegenheit Ihres PCs abrunden können. Das hängt selbstverständlich jeweils davon ab, inwieweit Sie diese Funktionen und Apps überhaupt verwenden. Bestenfalls kann man sie bei Nichtgefallen einfach ganz deaktivieren. Andernfalls sollte man prüfen, ob sie sich nicht auch datensparsamer noch sinnvoll nutzen lassen.

Websuche im Startmenü deaktivieren

Das Suchfeld in der Taskleiste ist eine praktische Hilfe, um schnell Dateien, Dokumente oder auch Programme zu finden und zu öffnen. Was oftmals nur bei genauerem Hinsehen auffällt: Wenn man hier etwas eintippt, führt Windows automatisch auch eine Websuche durch und schlägt passende Ergebnisse vor. Selbst wenn Sie nur lokal nach einer Datei suchen, wird dies also über die Suchfunktion an die Microsoft-Server übermittelt.

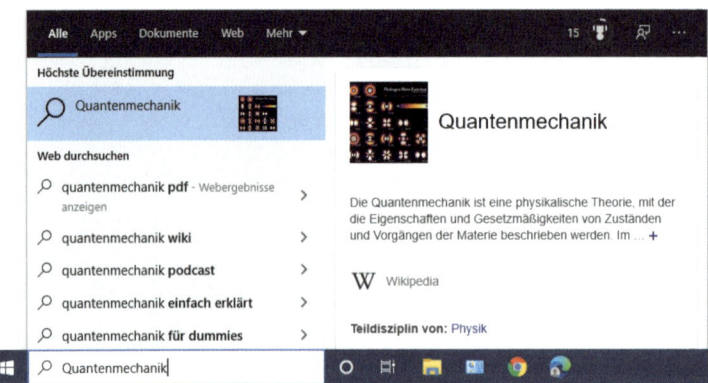

Bislang ließ sich dieses Verhalten durch Gruppenrichtlinien bzw. Registry-Einträge deaktivieren. Diese werden mittlerweile aber nur noch in den Enterprise- und Education-Editionen von Windows 10 berücksichtigt. Bei den gängigen Home- und Pro-Editionen lässt sich das Verhalten hingegen so nicht mehr steuern.

Es gibt allerdings einen Weg, diese Lücke mit Bordmitteln zu schließen, indem man die Windows-Firewall anweist, der Windows-Suche keinen Onlinezugriff mehr zu erlauben:

1 Öffnen Sie dazu die *Windows Defender Firewall mit erweiterter Sicherheit*.

2 Wählen Sie darin im Navigationsbereich links die Rubrik *Ausgehende Regeln*.

3 Lokalisieren Sie in der langen Liste in der Mitte den Eintrag *Windows Search* und öffnen Sie diesen per Doppelklick.

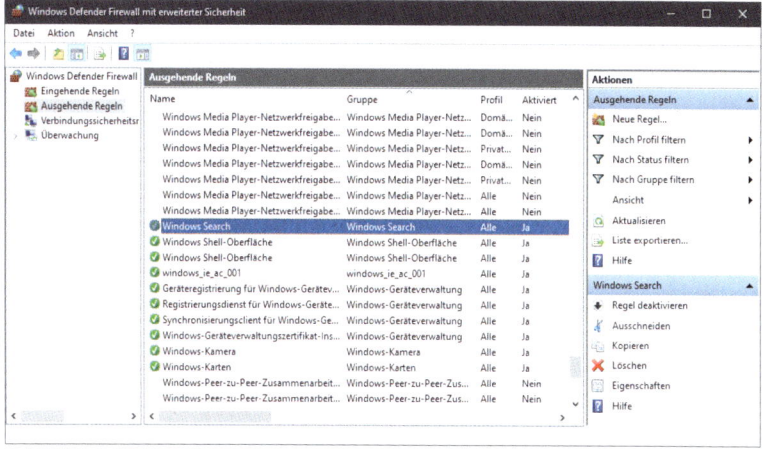

4 Wählen Sie im so geöffneten *Eigenschaften*-Dialog in der Rubrik *Allgemein* ganz unten die Option *Verbindung blockieren*.

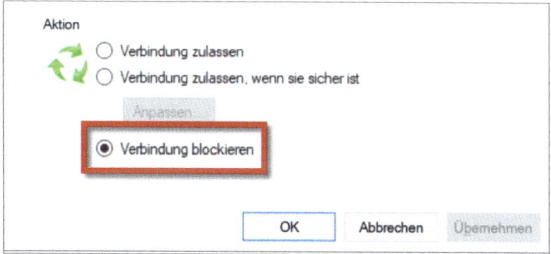

Wenn Sie nun Suchbegriffe in der Taskleiste eingeben, versucht Windows weiterhin, Webergebnisse dazu zu beschaffen. Das scheitert aber und die Suche meldet allenfalls *Eine Vorschau für „…" ist momentan nicht verfügbar*.

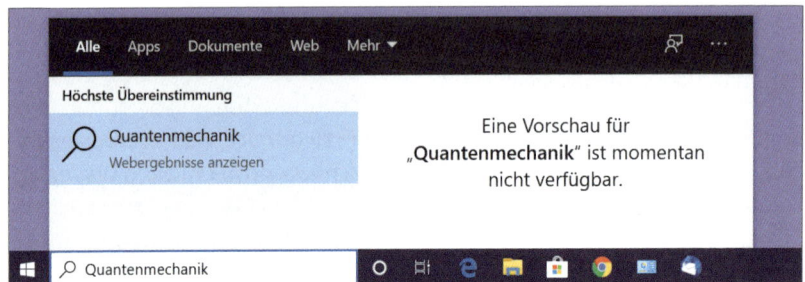

Windows-Sicherheit zum Datensparer machen

Das mittlerweile zu *Windows-Sicherheit* umbenannte ehemalige Windows Defender Security Center fasst alle Funktionen und Einstellungen rund um die Sicherheit zusammen. Dies betrifft auch einige datenschutzbezogene Einstellungen. Sie öffnen es über das Symbol im Infobereich oder in den *Einstellungen* unter *Update und Sicherheit/Windows-Sicherheit* mit der Schaltfläche *Windows-Sicherheit öffnen*.

Cloudbasierter Schutz

Windows-Sicherheit: *Viren- & Bedrohungsschutz/Einstellungen für Viren- & Bedrohungsschutz/Einstellungen verwalten*

Ist diese Option eingeschaltet, übermittelt der Windows Defender automatisch Informationen über seine Tätigkeit an Microsoft. Dies umfasst Angaben zu erkannter Malware, die für das statistische Auswerten und Erkennen neuer Infektionswellen verwendet werden. Hierzu gehört auch, wenn Sie eine zunächst als Malware eingestufte Datei anschließend als zulässig bewerten. Solche Informationen werden auch mit anderen Benutzern geteilt. Umgekehrt profitieren Sie auch von den daraus gewonnenen Erkenntnissen in Form einer besseren Trefferquote bei der Erkennung von Malware. Ein unmittelbarer Nachteil entsteht Ihnen aus dem Deaktivieren dieser Funktion aber nicht.

Standard: *Ein* – Empfehlung: *Ein*

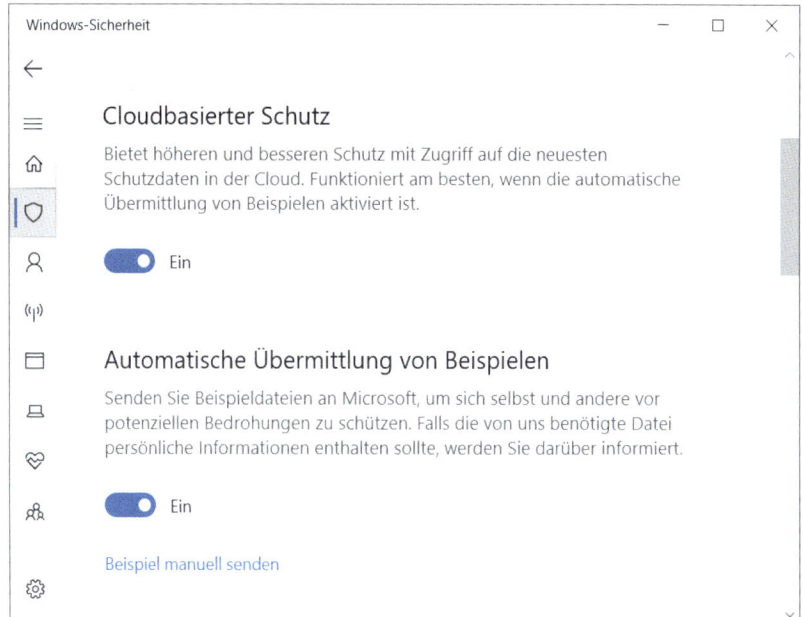

Automatische Übermittlung von Beispielen

Windows-Sicherheit: *Viren- & Bedrohungsschutz/Einstellungen für Viren- & Bedrohungsschutz/Einstellungen verwalten*

Hier wird gesteuert, ob der Defender bei erkannter Malware Dateien automatisch übermitteln darf. Dies ist problematisch, da diese Datei auch andere, persönliche Inhalte haben kann. Außerdem ist nicht jede Datei, die der Defender als Malware erkennt, auch tatsächlich bösartig. Es empfiehlt sich daher, diese Option zu deaktivieren. Sie werden dann jeweils gefragt, wenn der Defender Daten übermitteln möchte, und können ablehnen oder zustimmen.

Standard: *Ein* – Empfehlung: *Aus*

> **Warnung vor »unsicheren« Einstellungen loswerden**
>
> Leider beschwert sich Windows beim Deaktivieren dieser Funktionen, dass die Sicherheit dadurch »möglicherweise gefährdet« sei, und zeigt das Symbol der *Windows-Sicherheit* mit einem gelben Warnhinweis an. Sie brauchen aber nur auf der Startseite von *Windows-Sicherheit* im Abschnitt *Viren- & Bedrohungsschutz* auf *Verwerfen* zu klicken, um diese Warnungen loszuwerden.
>
>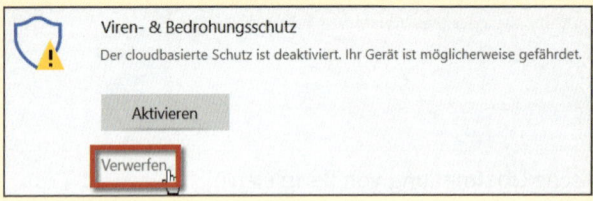

SmartScreen für Microsoft Store-Apps

Windows-Sicherheit: *App- & Browsersteuerung/Einstellungen für Zuverlässigkeitsbasierten Schutz*

Ist diese Option eingeschaltet, wird jede Webadresse, die von einer App abgerufen wird, durch Microsoft mit einer Liste vermutlich bösartiger Seiten abgeglichen und ggf. blockiert. Dabei kommt derselbe SmartScreen-Filter wie beim Edge-Browser zum Einsatz. Allerdings kann er hier unabhängig davon gesteuert werden. Aus Sicherheitsgründen halte ich diese Einstellung für sinnvoll. Wer eine alternative Sicherheitslösung einsetzt oder auf diesen Schutz bewusst verzichten möchte, kann sie deaktivieren.

Standard: *Ein* – Empfehlung: *Ein*

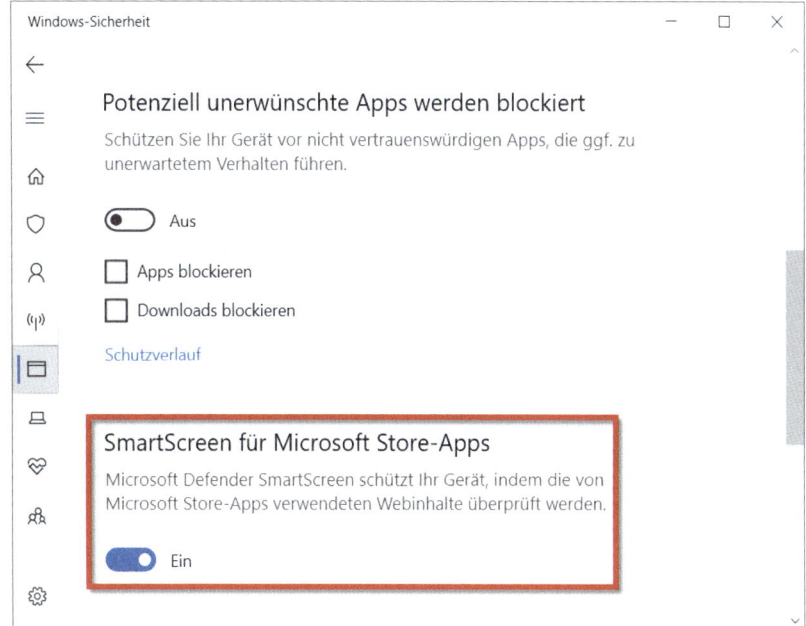

Erweiterte Zwischenablage mit Verlauf

Seit dem Herbst-Update 2018 verfügt Windows über eine erweiterte systemweite Windows-Zwischenablage. Sie wurde nicht nur um eine Verlaufsfunktion ergänzt, sondern kann nun auch über die Cloud zwischen verschiedenen Geräten mit demselben Microsoft-Konto synchronisiert werden. Das bedeutet: Wenn man beispielsweise unterwegs am Notebook einen Text in dessen Zwischenablage übernimmt, kann man diesen später am PC abrufen und dort in eine Anwendung übernehmen.

Das ist eine feine Sache, die aber einen Haken hat: Alles, was Sie in Ihre lokale Zwischenablage einfügen, landet dadurch in der Cloud und/oder kann von anderen Benutzern eingesehen werden, mit denen Sie sich Windows-Geräte teilen. Deshalb müssen Sie nicht unbedingt auf den komfortablen Verlauf der Zwischenablage verzichten, aber zumindest den Cloud-Teil sollten Sie deaktivieren.

1 Die Optionen zum Steuern der erweiterten Zwischenablage finden Sie in den *Einstellungen* unter *System/Zwischenablage*.

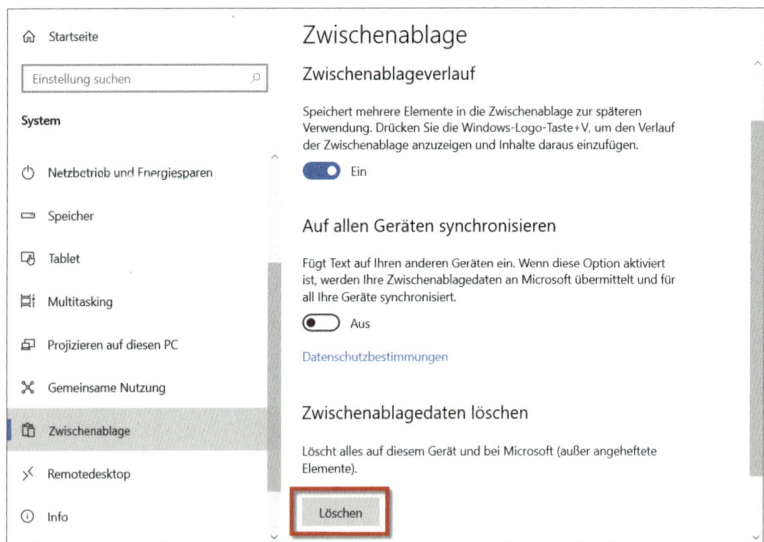

2 Mit der oberen Einstellung *Zwischenablageverlauf* steuern Sie den erweiterten Verlauf insgesamt. Wenn Sie die Verlaufsfunktion gar nicht nutzen möchten, sollten Sie hier *Aus* wählen.

3 Um den Verlauf nur lokal auf ein Gerät zu beschränken, stellen Sie sicher, dass der Schalter im Abschnitt *Auf allen Geräten synchronisieren* auf *Aus* steht.

4 Sollten Sie die vernetzte Zwischenablage bereits genutzt haben und nun sicherstellen wollen, dass keine vertraulichen Daten mehr in der Cloud

verbleiben, klicken Sie ganz unten im Abschnitt *Zwischenablagedaten löschen* auf die *Löschen*-Schaltfläche. Dann werden die Verlaufsdaten der Zwischenablage auf allen Geräten geleert, die mit demselben Microsoft-Konto verbunden sind.

Der Zwischenablageverlauf und Passwörter

Grundsätzlich ist es keine gute Idee, Passwörter in die Zwischenablage zu kopieren. Manchmal macht man es aber eben doch, und vor allem Programme zur Passwortverwaltung nutzen diese Möglichkeit, dem Nutzer ein gespeichertes Kennwort so zur Verfügung zu stellen. Solche Passwort-Manager kümmern sich dann meist auch darum, ein Passwort wieder aus der Zwischenablage zu entfernen.

Das Problem: Mit dem Zwischenablageverlauf klappt dieses Entfernen nicht ohne Weiteres. Dadurch bleiben Passwörter im Verlauf stehen und werden ggf. sogar auf andere Geräte synchronisiert. Das ist kein »Fehler« des Zwischenablageverlaufs, sondern er arbeitet wie vorgesehen. Denn ein Passwort ist für diese Funktion ein beliebiger Zwischenablageinhalt wie jeder andere auch. Wenn man den Zwischenablageverlauf nutzen will, sollte man sich dieser Problematik aber unbedingt bewusst sein.

Fügen Sie also am besten keine Kennwörter in die Zwischenablage ein bzw. löschen Sie diese nach Benutzung direkt wieder aus dem Verlauf. Beim Verwenden eines Passwort-Managers sollten Sie sicherstellen, dass dieser keine unerwünschten Spuren im Zwischenablageverlauf hinterlässt.

Datenschützers Albtraum: Cortana

Lange Zeit schienen sie unzertrennlich miteinander verbunden: Windows 10 und Microsofts Sprachassistentin Cortana. Genau wie die Kollegen Siri, Alexa oder Google wird Cortana nicht umständlich über Menüs und Optionen bedient, sondern kann menschliche Sprache interpretieren und verstehen. Man kann also Anweisungen einfach aussprechen, anstatt die entsprechenden Aktionen selbst umständlich ausführen zu müssen.

In jüngster Zeit aber scheint bei Microsoft ein Umdenken eingesetzt zu haben. Nicht nur kann man Cortana mittlerweile auch durch eingetippten natürlichsprachigen Text bedienen. Auch die Verzahnung von Cortana mit Windows wird immer lockerer: War die Sprachassistentin anfangs fest ins Startmenü integriert, so ist sie mittlerweile in ihre eigene App umgezogen, die man benutzen kann, aber nicht benutzen muss. Wer Cortana nicht mag, kann sie also inzwischen weitestgehend ignorieren.

Trotzdem muss man Cortana immer noch als Datenkrake betrachten. Denn die Verarbeitung der Spracheingaben erfolgt – wie bei Sprachassistenten üblich – nicht lokal, sondern alle Eingaben werden stets zu leistungsfähigen Servern in der Cloud übermittelt und dort analysiert. Und in dem Bemühen, möglichst viel über den Benutzer zu lernen und so immer möglichst individuell und passend auf seine Eingaben zu reagieren, zapft Microsoft jede halbwegs sinnvolle Datenquelle an. Außerdem ist Vorbedingung für die Nutzung von Cortana die Windows-Anmeldung mit einem Microsoft-Konto.

Wenn Sie Ihre Daten schützen möchten und Cortana bislang nicht nutzen, belassen Sie es am besten dabei. Sollten Sie Cortana aber schon aktiviert haben, sind mehrere Schritte nötig, um sie zu deaktivieren und die bereits erhobenen Daten über Sie aus der Cloud zu entfernen.

Cortana als App

Da Cortana mittlerweile als eigenständige App nicht mehr ganz so eng mit Windows verzahnt ist, ergeben sich neue Möglichkeiten, sie zu bändigen.

1 Öffnen Sie in den Windows-Einstellungen den Bereich *Apps/Apps & Features*.

2 Lokalisieren Sie rechts in der Liste *Apps & Features* den Eintrag *Cortana* und klicken Sie diesen an.

3 Sie werden wie bei anderen Apps auch eine *Deinstallieren*-Schaltfläche vorfinden, aber diese ist ausgegraut und inaktiv. So leicht werden Sie Cortana also nicht los (aber es geht, siehe Seite 99).

4 Aber Sie können hier auf *Erweiterte Optionen* klicken.

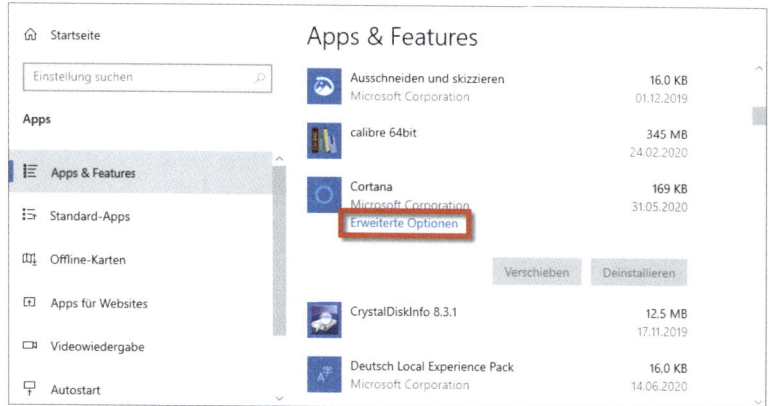

5 Im so geöffneten Dialog sehen Sie im Abschnitt *App-Berechtigungen* alle Rechte, die Cortana derzeit zugewiesen sind, und können diese verändern. Also beispielsweise den Mikrofon-Zugriff entziehen, wenn Sie auf Sprachsteuerung ohnehin verzichten.

6 Im Abschnitt *Wird bei der Anmeldung ausgeführt* können Sie die Option *Cortana* auf *Aus* stellen. Dann wird Cortana nicht mehr automatisch mit Windows gestartet. Wenn Sie es gelegentlich verwenden, kann der Start der App dann aber jeweils etwas länger dauern.

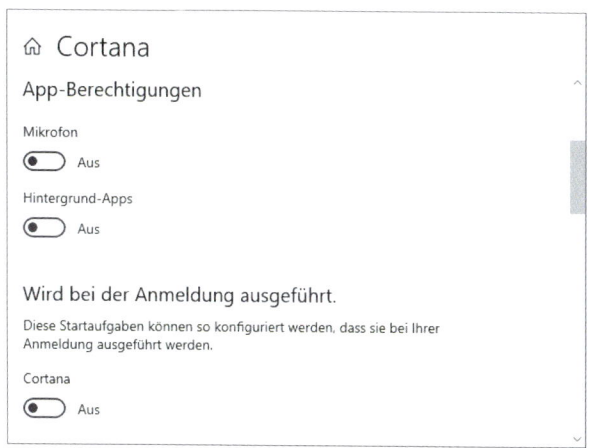

7 Ganz unten im Abschnitt *Zurücksetzen* finden Sie Schaltflächen für das *Reparieren* und *Zurücksetzen* der App. Letzteres löscht auch alle lokalen Daten, die Cortana bis zu diesem Zeitpunkt gesammelt hat.

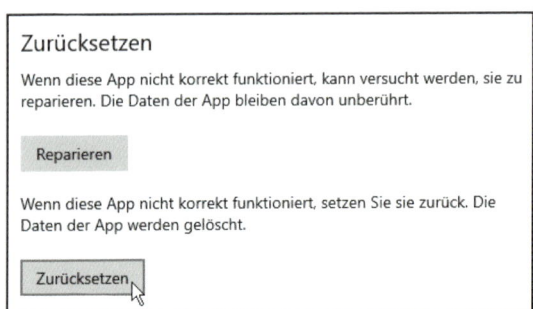

Daten in der Cloud löschen und Cortana deaktivieren

Durch das Deaktivieren von Cortana werden keine neuen Daten mehr erhoben. Die bereits in die Cloud übermittelten Erkenntnisse bleiben aber vorhanden. Falls man Cortana doch wieder aktivieren würde, könnte man dadurch an der alten Stelle weitermachen, ohne dass die Assistentin sich erst wieder mühsam einstellen muss. Will man dauerhaft auf Cortana verzichten, sollte man diese Daten konsequenterweise aus der Cloud entfernen:

1 Klicken Sie hierzu auf das Cortana-Kreissymbol rechts in der Taskleiste von Windows 10. Sollte dieses ausgeblendet sein, tippen Sie einfach »Cortana« in das Suchfeld der Taskleiste ein.

2 In der so gestarteten Cortana-App klicken Sie rechts oben auf das Menüsymbol und wählen im Menü die *Einstellungen*.

3 In den *Einstellungen* klicken Sie im Abschnitt *Konto* auf *Datenschutz*.

4 Danach können Sie im Abschnitt *Microsoft-Datenschutzdashboard* auf die *Öffnen*-Schaltfläche klicken. Damit öffnen Sie im Webbrowser die Datenschutzübersicht Ihres Microsoft-Kontos. Für den Zugriff auf diese Daten müssen Sie sich ggf. erst im Webbrowser bei Ihrem Microsoft-Konto anmelden.

5 Lokalisieren Sie in der umfangreichen Liste den Abschnitt *Cortanas Notizbuch* und klicken Sie dort auf *Cortana-Daten bearbeiten*.

6 Am rechten Seitenrand der so geöffneten Übersicht finden Sie die Schaltfläche *Cortana-Daten löschen*.

7 Klicken Sie auf der nachfolgenden Seite erneut auf die *Löschen*-Schaltfläche.

8 Anschließend können Sie das Browser-Fenster schließen. Zurück in der Cortana-App sollten Sie nun noch im Abschnitt *Chatverlauf* auf die *Löschen*-Schaltfläche klicken und auch dies mit einem erneuten Klick auf *Löschen* bestätigen.

9 Klicken Sie schließlich weiter oben im Menü bei *Kalender- und E-Mail-Zugriff* auf *Berechtigung widerrufen und abmelden*. Damit heben Sie die Verknüpfung von Cortana mit Ihrem Microsoft-Konto auf.

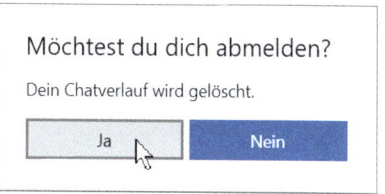

Cortana deinstallieren

Auch wenn Cortana mittlerweile eine eigenständige App ist, kann man sie nicht ohne Weiteres wie andere Apps aus dem Windows-Lieferumfang deinstallieren. Das ist auch nicht unbedingt nötig, wenn Sie Cortana wie beschrieben alle Berechtigungen entziehen, den automatischen Start mit Windows verhindern und die Assistentin ansonsten einfach ignorieren. Wenn Sie aber auf Nummer sicher gehen möchten, können Sie Cortana »auf die harte Tour« loswerden, indem Sie das Softwarepaket dieser App mithilfe der Windows-PowerShell (mit Administratorrechten) entfernen:

1 Tippen Sie dazu beispielsweise »Power« ins Suchfeld der Taskleiste ein.

2 Klicken Sie dann mit der rechten Maustaste auf den gefundenen Eintrag *Windows PowerShell* und wählen Sie im Kontextmenü den Befehl *Als Administrator ausführen.*

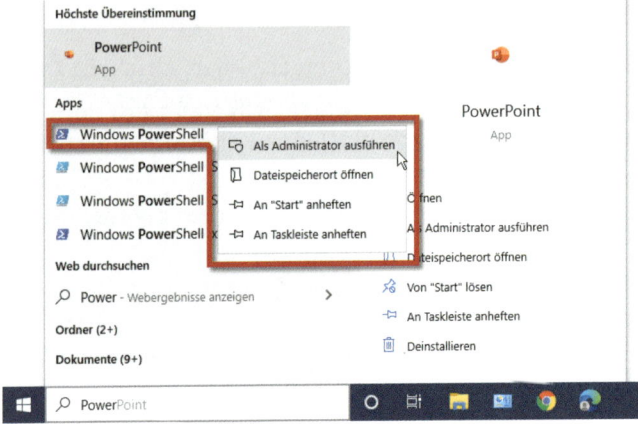

3 Bestätigen Sie die Rückfrage der Benutzerkontensteuerung mit *Ja.*

4 Tippen Sie in der Eingabekonsole der PowerShell nun einen der folgenden Befehle ein:

- wenn Sie Cortana nur für Ihr eigenes Benutzerkonto entfernen möchten:

  ```
  Get-AppxPackage *Microsoft.549981C3F5F10* |↵
    Remove-AppxPackage
  ```

- wenn Sie Cortana für alle Benutzerkonten des PCs entfernen möchten:

  ```
  Get-AppxPackage *Microsoft.549981C3F5F10*↵
    -AllUsers| Remove-AppxPackage
  ```

5 Wenn Sie nun zur Probe auf das Cortana-Symbol in der Taskleiste klicken, werden Sie feststellen, dass nichts mehr passiert. Anschließend können Sie auch dieses Symbol ausblenden, indem Sie mit der rechten Maustaste auf eine freie Stelle der Taskleiste klicken und im Kontextmenü auf *Cortana-Schaltfläche anzeigen* klicken, um das Häkchen dort zu entfernen.

Damit ist Cortana deinstalliert und alle Spuren auf der Oberfläche beseitigt. Der Vorgang lässt sich bei Bedarf umkehren, falls Sie es sich doch anders überlegen. Dazu geben Sie in der PowerShell mit Administratorrechten den länglichen Befehl (in einer Zeile) ein:

```
Add-AppxPackage -register "C:\Program Files\WindowsApps\
Microsoft.549981C3F5F10*_x64__8wekyb3d8bbwe
\AppxManifest.xml" -DisableDevelopmentMode
```

Die Skype-App vertraulich nutzen

Auch für die auf vielen Windows-PCs vorinstallierte Skype-App ist Datenschutz ein wichtiges Thema. Und das gilt sogar, wenn Sie Skype selbst gar nicht nutzen. Denn selbst dann können andere Nutzer unter Umständen an Ihrem Skype-Status verfolgen, wann Sie mit Ihrem PC online sind und wann nicht. Außerdem gilt es, Ihr Windows-Adressbuch vor dem Zugriff durch Skype zu schützen. Deshalb lohnt es sich in jedem Fall, die folgenden Einstellungen zu überprüfen und ggf. anzupassen:

1 Starten Sie die Skype-App. Verlangt die App zunächst eine Anmeldung, können Sie an dieser Stelle abbrechen und brauchen sich nicht weiter um Skype zu kümmern. Offenbar verwenden Sie ein lokales Konto und haben sich auch noch nie bei Skype angemeldet – belassen Sie es einfach dabei.

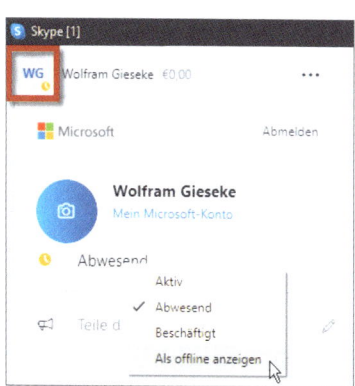

2 Sind Sie in der Skype-App angemeldet, klicken Sie auf Ihr Benutzersymbol oben links. Prüfen Sie zunächst, was als Status angegeben ist. Wenn Sie Skype gar nicht nutzen möchten, wählen Sie *Als offline anzeigen* als Standardstatus.

3 Klicken Sie dann weiter unten im Menü auf *Einstellungen*.

4 Öffnen Sie in den *Einstellungen* den Abschnitt *Kontakte/Datenschutz*. Ist hier rechts Ihre Telefonnummer hinterlegt, sollten Sie darunter die Option *In Suchergebnissen anzeigen* ausschalten. Dann können Sie von anderen Skype-Teilnehmern nicht anhand Ihrer Telefonnummer gefunden werden, sondern nur, wenn Sie ihnen ausdrücklich Ihre Skype-Kennung übermitteln.

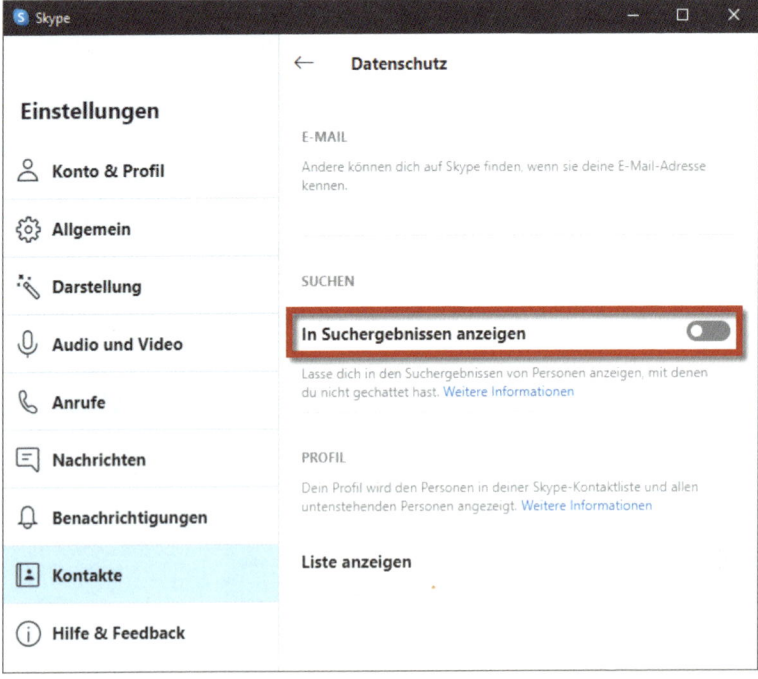

Das erfahren andere über Sie

Auch wenn Sie Skype nutzen, sollten Sie überprüfen, welche Informationen andere Anwender, die sie (noch) nicht kennen, auf diesem Wege über Sie erfahren können:

1 Öffnen Sie in den *Einstellungen* die Rubrik *Konto & Profil*.

2 Die Angaben, die Sie hier rechts unter *Dein Skype-Profil* sehen, sind schon mal ein erster Eindruck.

3 Klicken Sie aber zusätzlich unten im Abschnitt *Verwalten* auf *Dein Profil*.

4 Skype öffnen dann eine Webseite mit Ihrem vollständigen Skype-Profil, das unter Umständen noch weitere Informationen enthält.

5 Möchten Sie Angaben ändern oder entfernen, klicken Sie rechts oben auf die Schaltfläche *Profil bearbeiten*.

Skype deinstallieren

Wenn Sie Skype auf Ihrem PC vorfinden, ohne dass Sie es jemals bewusst installiert haben, gibt es zwei Möglichkeiten: Entweder es stammt noch von einer früheren Windows-10-Installation aus Zeiten, als Skype automatisch mit installiert wurde. Oder es wurde vom Hersteller Ihres PCs ab Werk mit installiert. In beiden Fällen können (und sollten) Sie Skype loswerden, wenn Sie es ohnehin nicht nutzen möchten. Sollten Sie es sich später anders überlegen, können Sie die App jederzeit wieder aus dem Microsoft Store installieren.

1 Öffnen Sie in den Windows-Einstellungen den Bereich *Apps/Apps & Features*.

2 Lokalisieren Sie rechts in der Liste im Abschnitt *Apps & Features* den Eintrag *Skype* und klicken Sie ihn an.

3 Im so erweiterten Eintrag klicken Sie rechts unten auf *die Deinstallieren*-Schaltfläche.

4 Bestätigen Sie den Warnhinweis wiederum mit einem Klick auf *Deinstallieren*.

Nun brauchen Sie nur noch wenige Sekunden abzuwarten, bis Skype restlos von Ihrem PC entfernt wurde.

5. Datenschutz im Edge-Browser

Eine wichtige Rolle für den Datenschutz spielt auch der Edge-Webbrowser. Er verwendet eine ganze Reihe von Funktionen, die für mehr Komfort sorgen, zu diesem Zweck allerdings insbesondere die von Ihnen verwendeten Webadressen und Suchbegriffe an Microsoft übermitteln. Andererseits sind

Microsoft Edge

Sicherheit und Datenschutz beim Edge-Browser sehr wichtige Themen, sodass es verschiedene Funktionen und Schutzmechanismen gibt, die dem Surfer Schutz und Anonymität nach Bedarf gewährleisten.

> **Alter vs. neuer Edge-Browser**
>
> Die im Folgenden beschriebenen Einstellungen beziehen sich auf den neuen Edge-Browser, den Microsoft seit Beginn 2020 über *Windows Update* ausliefert. Dieser unterscheidet sich vom »alten« Edge-Browser erheblich, da er nun auf einer ganz neuen Basis beruht. Deshalb lassen sich auch die Einstellungen der neuen Version nicht ohne Weiteres auf die alte übertragen. Falls Sie noch den alten Edge verwenden, empfehle ich den Wechsel zum neuen Edge (oder einem anderen Webbrowser wie Chrome oder Firefox). Der alte Edge wird von Microsoft nicht mehr dauerhaft unterstützt und dürfte deshalb schnell veralten und unsicher werden. Sie können den neuen Edge-Browser als optionales Update via Windows-Update beziehen. Alternativ laden Sie ihn unter www.microsoft.com/de-de/edge herunter.

Globale Datenschutzeinstellungen in Edge

Das Verhalten von Edge kann man in den *Einstellungen* über eine ganze Reihe von Optionen beeinflussen:

1 Klicken Sie hierzu im Edge-Browser auf das Menüsymbol oben rechts.

2 Wählen Sie im so geöffneten Menü recht weit unten den Eintrag *Einstellungen* aus.

3 Hier finden Sie links eine Übersicht der Rubriken, in der Sie die meisten der folgenden Optionen unter *Datenschutz und Dienste* finden.

4 Weitere wichtige Einstellungen finden Sie außerdem in der Rubrik *Websiteberechtigungen* (siehe Seite 112).

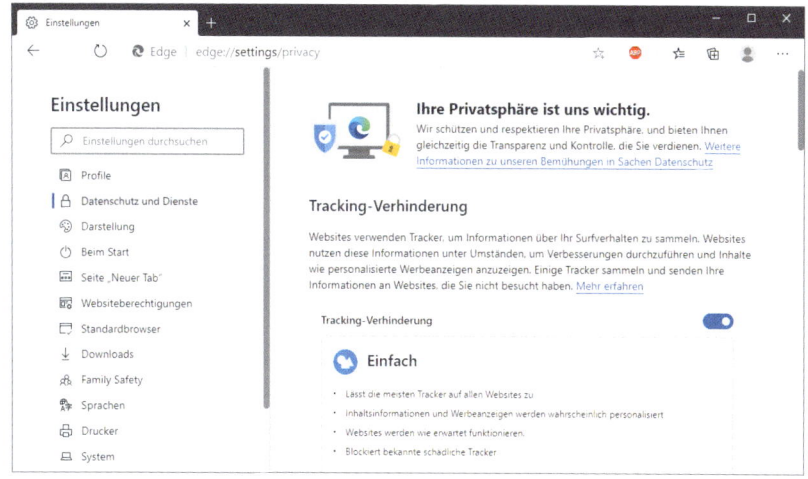

„Nicht verfolgen"-Anforderungen (Do not track) senden

Edge-Browser: *Einstellungen/Datenschutz und Dienste*

Mit *Nicht verfolgen* signalisiert Ihr Webbrowser den Betreibern von Websites, dass Sie nicht mittels Cookies und anderen ID-Tricks identifiziert und nachverfolgt werden möchten. Ob sich die Betreiber daran halten oder diese Vorgabe einfach ignorieren, bleibt aber denen überlassen, denn das Prinzip basiert auf Freiwilligkeit. In jedem Fall kann es nicht schaden, diese Option aktiviert zu lassen.

Standard: *Aus* – Empfehlung: *Ein*

Zulassen, dass Websites prüfen, ob Sie Zahlungsmethoden gespeichert haben

Edge-Browser: *Einstellungen/Datenschutz und Dienste*

In Ihrem Edge-Benutzerprofil (siehe Seite 123) können Sie Kreditkartendaten speichern. Das hat den Vorteil, dass Sie diese Daten nicht bei jedem Online-Einkauf erneut eintippen müssen. Stattdessen kann Edge die hinterlegten Daten verwenden, um Sie unkompliziert per Mausklick bezahlen zu lassen. Allerdings sollte eine solche Bezahlung eben immer auch eine persönliche Interaktion erfordern, und Webseiten sollten nicht in der Lage sein, gespeicherte Zahlungsinformationen ohne Ihr Zutun auszulesen.

Standard: *Aus* – Empfehlung: *Ein*

Microsoft Edge verbessern und Webumgebung personalisieren

Edge-Browser: *Einstellungen/Datenschutz und Dienste*

Die Einstellungen aus diesen Abschnitten fasse ich hier zusammen, da dies auch mit den betreffenden Optionen so gehandhabt wird. Sie werden nur angezeigt und lassen sich an dieser Stelle nicht verändern. Stattdessen sind sie direkt mit Optionen in den Windows-Datenschutzeinstellungen (siehe Seite 38) bzw. im Datenschutz-Dashboard (siehe Seite 23) von Microsoft verbunden und hängen von den dort gewählten Parametern ab.

Empfehlung: die zugrunde liegenden Einstellungen so wählen, dass die Optionen hier deaktiviert sind.

Microsoft Edge verbessern

Sie haben die Kontrolle über Ihre Privatsphäre und die Daten, die Sie an Microsoft weitergeben möchten. Diese Daten dienen zur Verbesserung der Produkte und Features von Microsoft. Weitere Informationen zu diesen Einstellungen

Bei der Verbesserung von Microsoft-Produkten helfen, indem Sie Nutzungsdaten des Browsers senden

Diese Einstellung basiert auf Einstellung „Windows-Diagnosedaten"

Tragen Sie zur Verbesserung von Suchen und Microsoft-Produkten bei, indem Sie Informationen zu Websites senden, die Sie in Microsoft Edge besuchen.

Diese Einstellung basiert auf Einstellung „Windows-Diagnosedaten"

Webumgebung personalisieren

Verwalten Sie Ihre Daten und weitere Werbeeinstellungen über das Microsoft-Datenschutz-Dashboard.

Verbessern Sie Ihre Weberfahrung, indem Sie Microsoft gestatten, Ihren Browserverlauf dieses Kontos für die Personalisierung von Werbung, Suche, News und anderen Microsoft-Diensten zu verwenden.

Um diese Einstellung zu aktivieren, müssen Sie mit einem Microsoft-Konto angemeldet sein. Weitere Informationen zu anderen Microsoft-Einstellungen für Werbeanzeigen

Webdienst zum Beheben von Navigationsfehlern verwenden

Edge-Browser: *Einstellungen/Datenschutz und Dienste*

Wenn Sie beim Abrufen einer Webseite stattdessen eine Umleitung auf eine andere Webseite erhalten, kann Edge diese an einen Microsoft-Server weiterleiten und von diesem prüfen lassen. Dadurch erfährt dieser Server aber eben auch, welche Seite Sie aufrufen wollten. Grundsätzlich ist das aber sinnvoll, denn es könnte sich dabei um eine Umleitung in böser Absicht handeln. Viel häufiger tritt dieses Szenario aber bei WLAN-Hotspots beispielsweise in Hotels auf, die den Benutzer beim ersten Abruf einer Webseite zunächst auf das Anmeldeportal umleiten.

Standard: *Ein* – Empfehlung: *Ein*

Ähnliche Websites vorschlagen, wenn eine Website nicht gefunden wird

Edge-Browser: *Einstellungen/Datenschutz und Dienste*

Das hat vermutlich fast jeder schon mal erlebt: Man vertippt sich beim Eingeben einer Webadresse, aber der Browser zeigt trotzdem wie von Zauberhand die gewünschte Webseite an. Das hat mit dieser Einstellung zu tun, denn wenn Edge eine eingetippte Webadresse nicht findet, fragt er bei einem Microsoft-Server nach, ob es vielleicht Webseiten mit einer ganz ähnlichen Adresse gibt, und navigiert stattdessen dorthin. Das ist eine praktische Hilfe, bedeutet aber eben auch, dass der Microsoft-Server in diesem Fall jeweils mitbekommt, welche Webseite Sie besuchen woll(t)en.

Standard: *Ein* – Empfehlung: *Aus*

Microsoft Defender SmartScreen

Edge-Browser: *Einstellungen/Datenschutz und Dienste*

Der SmartScreen-Filter warnt Sie, wenn Sie Webseiten aufrufen, die dafür bekannt sind, schädliche Inhalte bis hin zu Malware zu verbreiten. Dafür wird aber jeder Ihrer Seitenaufrufe an Microsoft übermittelt, da der SmartScreen-Filter nicht lokal im Browser tätig ist, sondern ein Cloud-Dienst. Wer dessen Schutz in Anspruch nehmen möchte, muss also mit seinen Daten bezahlen. Trotzdem halte ich diese Funktion insbesondere bei weniger versierten Internetnutzern für einen hilfreichen Schutz, der diesen Preis wert ist, und würde eher dazu raten, sie eingeschaltet zu lassen.

Standard: *Ein* – Empfehlung: *Ein*

Exkurs: So schützt SmartScreen vor riskantenWebseiten

Zu den größten Bedrohungen für Websurfer gehört das Phishing, das Abfischen vertraulicher Informationen und Zugangsdaten. Microsoft hat den Edge-Browser deshalb mit einem Phishing-Filter namens SmartScreen versehen. In der Standardeinstellung prüft der alle Webadressen, die Sie öffnen bzw. anklicken.

1 Wann immer Sie eine Adresse eingeben, einen Link anklicken oder sonst wie eine Webseite im Edge-Browser öffnen, gleicht der SmartScreen-Filter die Adresse mit seiner internen Liste ab. Ist sie darin nicht enthalten, übermittelt er die URL dieser Webseite an einen Server bei Microsoft und lässt sie dort überprüfen. Sie selbst bemerken davon zunächst nichts.

2 Ergibt die Überprüfung nichts Verdächtiges, wird die Webseite angezeigt, und Sie können unbesorgt weitersurfen.

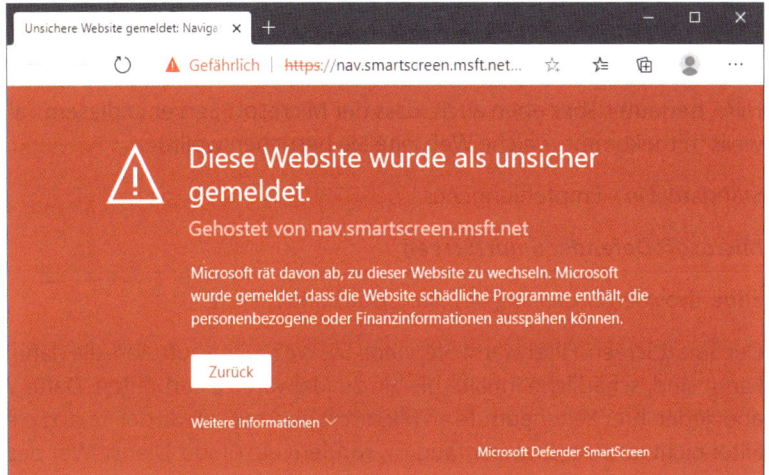

3 Sollte die Adresse vermerkt sein oder der Edge-Browser aus anderen Gründen stutzig werden, verweigert er zunächst das Anzeigen der Webseite. Stattdessen gibt er einen Warnhinweis aus. Gleichzeitig wird im Adressfeld ein farbiger Hinweis *Verdächtige Website* oder *Gefährlich* angezeigt. Hier können Sie schnell sehen, ob wirklich die Seite angesteuert wird, die Sie öffnen wollten.

4 Sollten Sie sicher sein, dass der SmartScreen-Filter falschliegt, können Sie *Weitere Informationen* aufklappen und dort die Seite mit *Weiter zur unsicheren Website* trotzdem besuchen. Schlagen Sie die Warnungen des Edge-Browsers aber besser nicht voreilig in den Wind.

5 Hat man Sie tatsächlich ungewollt auf eine unerwünschte Seite gelotst, besteht kein Grund zur Panik. Der Edge-Browser hat diese Seite noch gar nicht geöffnet. Klicken Sie ggf. auf *Zurück* oder schließen Sie den Tab einfach, um schnell das Weite zu suchen und sich in sichere Gefilde zu begeben.

Potenziell unerwünschte Apps blockieren

Edge-Browser: *Einstellungen/Datenschutz und Dienste*

Wenn Sie Programme aus dem Internet herunterladen, kann Edge Informationen darüber an einen Microsoft-Server übermitteln und von diesem erfragen, ob diese Anwendung vertrauenswürdig ist. Auch das ist aus Sicherheitsgründen sinnvoll, auch wenn diese Funktion erfahrungsgemäß gern mal über das Ziel hinausschießt und Apps blockiert, einfach weil sie bei Microsoft nicht bekannt sind. Auch hier gibt es aber die Kehrseite, dass Microsoft durch diese Funktion eben auch stets im Bilde ist, welche Apps wer herunterlädt und verwendet.

Standard: *Ein* – Empfehlung: *Ein*

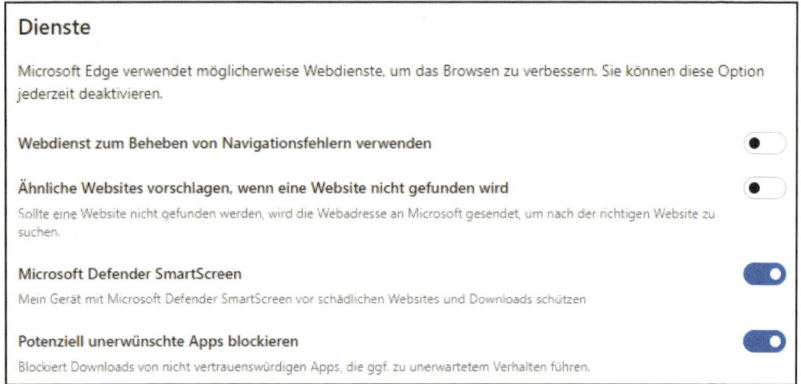

Such- und Websitevorschläge mit den eingegebenen Zeichen anzeigen

Edge-Browser: *Einstellungen/Datenschutz und Dienste/Adressleiste*

Wenn Webadressen oder Suchbegriffe beim Eintippen automatisch ergänzt werden, ist das an sich ganz praktisch. Oft spart das viel Tipparbeit, und manchmal ergibt sich die Antwort auf eine Frage schon allein aus diesen Suchvorschlägen, sodass man die eigentliche Suche gar nicht mehr durchzuführen braucht. Aber diese Vorschläge kommen von der eingestellten Suchmaschine und bedeuten, dass jede Ihrer Eingaben im Adress- und Suchfeld umgehend an eben diese übermittelt wird. Ich persönlich möchte trotzdem nicht darauf verzichten, aber wer es mit dem Datenschutz absolut ernst meint, sollte das wohl tun.

Standard: *Ein* – Empfehlung: *Aus*

In Adressleiste verwendete Suchmaschine

Edge-Browser: *Einstellungen/Datenschutz und Dienste/Adressleiste*

Standardmäßig verwendet Edge die Microsoft-Suchmaschine Bing, lässt sich aber auf Google oder einen beliebigen anderen Suchdienst umstellen. Wann immer Sie etwas im kombinierten Adress- und Suchfeld des Browsers eingeben, was keine eindeutige Webadresse ist, leitet der Browser das als Suchanfrage an die entsprechende Suchmaschine weiter. Das gilt sogar im Fall von simplen Tippfehlern. Völlig abschalten lässt sich das nicht, aber Sie können hier einen Suchdienst Ihrer Wahl eintragen, dem Sie vielleicht mehr Vertrauen entgegenbringen. Öffnen Sie dazu die Suchseite dieses Anbieters und wählen Sie dann in der Liste *Suchmaschine ändern*.

Standard: Bing – Empfehlung: bevorzugter Anbieter

Beim Besuch einer Suchmaschine können Sie diese als neue Standardsuche für Edge festlegen

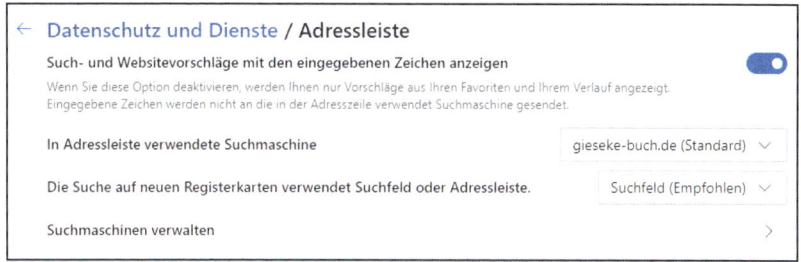

Websitespezifische Datenschutzeinstellungen

Neben den im vorangehenden Abschnitt beschriebenen globalen Einstellungen können Sie bei Edge eine ganze Reihe von Einstellungen festlegen, die jeweils für bestimmte Webseiten gelten. Sie legen diese Einstellungen fest, wenn Sie eine Website besuchen. Bei weiteren zukünftigen Besuchen aktiviert Edge diese Einstellungen dann automatisch wieder so, wie Sie sie zuvor gewählt haben. Das hat den Vorteil, dass Sie Datenschutzoptionen (und andere) sehr flexibel an die besuchten Webangebote anpassen können und beispielsweise einem Anbieter mehr Spielraum einräumen können als anderen. Auch das Problem, das manche Webangebote mit sehr restriktiven Datenschutzeinstellungen nicht mehr in vollem Umfang genutzt werden können, lässt sich so umgehen.

Websiteberechtigungen grundlegend konfigurieren

Auch bei den Websiteberechtigungen gibt es Grundeinstellungen, die immer dann verwendet werden, wenn es für eine besuchte Webadresse keine individuellen Einstellungen gibt (also meistens). Deshalb ist es wichtig, diese sehr sorgfältig und eher restriktiv zu wählen. Schließlich kann man einzelnen Websites später jederzeit großzügigere Berechtigungen einräumen. Die grundlegenden *Websiteberechtigungen* nehmen Sie in den Edge-Einstellungen in der gleichnamigen Rubrik vor.

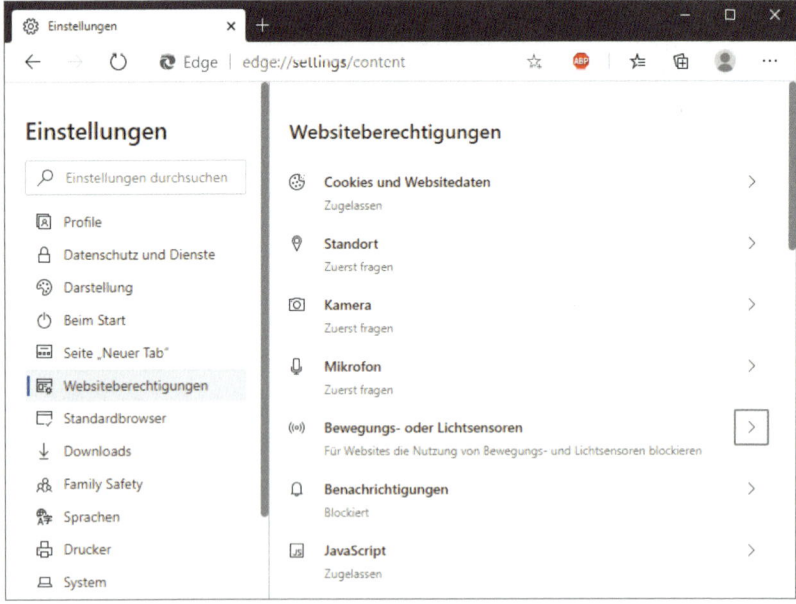

Um eine der Berechtigungen zu verändern, klicken Sie auf den Eintrag in der Übersicht. In der Detailansicht folgen die meisten Einstellungen einem einfachen Schema:

- Oben können Sie die Berechtigung mit einem Schalter grundlegend einräumen oder verweigern.

- Darunter finden Sie bei den meisten Einstellungen eine Block-Liste sowie eine Zulassen-Liste.

Die Listen enthalten Websites, denen die jeweilige Berechtigung unabhängig von den Grundeinstellungen immer verweigert (*Block*) oder eingeräumt (*Zulassen*) werden soll. Mit *Hinzufügen*-Schaltflächen können Sie teilweise Webadressen ergänzen. Einfacher geht dies aber »interaktiv«, wenn Sie eine betreffende Webseite besuchen (siehe Seite 112).

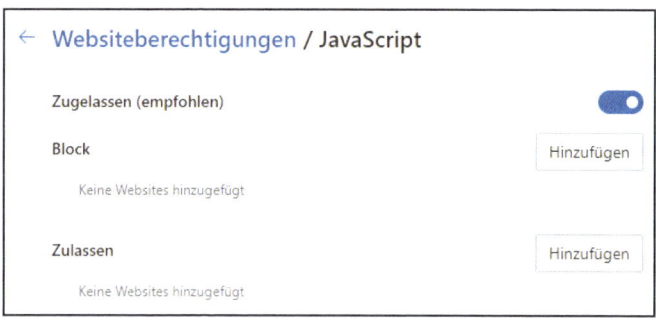

Sonderfall Websiteberechtigungen für Cookies

Cookies sind kleine Datenspuren, die Websites in winzigen Dateien auf Ihrem PC hinterlassen können. Anhand derer können Sie bei zukünftigen Besuchen gleich wiedererkannt werden. Das klingt nach völliger Überwachung, hat aber auch angenehme Nebeneffekte, etwa, dass Sie beim Besuch von Online-foren automatisch wiedererkannt werden, ohne jedes Mal Benutzername und Kennwort eintippen zu müssen. Auch die Warenkörbe in Onlineshops werden teilweise mithilfe von Cookies gespeichert. Deshalb spielen die Websiteberechtigungen für Cookies eine wichtige Rolle für den Datenschutz. Sie ermöglichen es, Cookies nur da zuzulassen, wo sie wirklich unverzichtbar sind, und ansonsten die Unmengen von Tracking-Cookies im Web zu blockieren.

Sie finden die Cookie-Optionen in den Edge-Einstellungen unter *Websiteberechtigungen/Cookies und Websitedaten*. Im Gegensatz zu anderen Websiteberechtigungen finden sich hier verschiedene Optionen, auf die ich ausführlicher eingehen möchte:

- *Zulassen, dass Websites Cookiedaten speichern und lesen*
Hiermit steuern Sie die Cookie-Funktionalität von Edge insgesamt. Schalten Sie diese Option aus, akzeptiert Edge keinerlei Cookies mehr und antwortet auch nicht auf entsprechende Anfragen. Das kann man ausprobieren, aber in der Regel werden dann auch Webseiten nicht mehr funktionieren, die man gern nutzen möchte. Deshalb empfiehlt es sich nicht, diese Option zu deaktivieren.

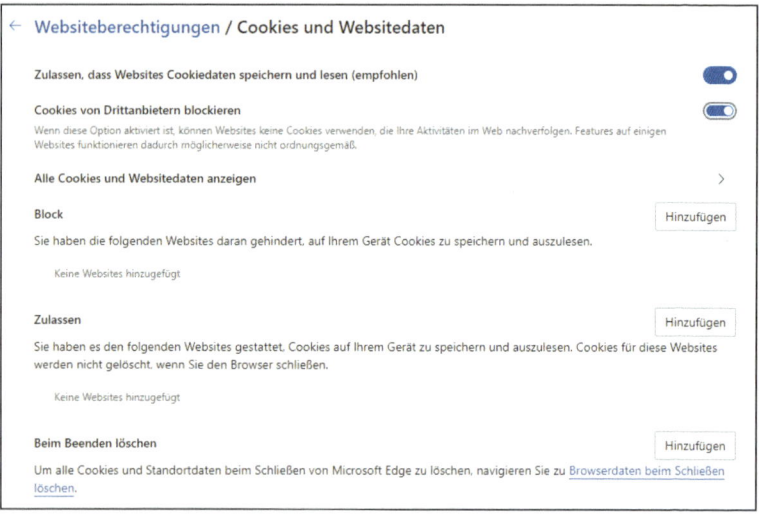

- *Cookies von Drittanbietern blockieren*
Diese Einstellung ist ein Kompromiss, bei dem Cookies nur von der eigentlich besuchten Seite akzeptiert werden. Sind dort aber externe Cookies für Werbung oder Besucheranalyse eingebettet, werden diese abgelehnt. Das sollte die Kernfunktionalität von Webseiten nicht stören, aber unerwünschtes Datensammeln weitestgehend verhindern. Deshalb empfiehlt es sich, diese Option einzuschalten. Sollte eine Webseite dann doch nicht wie gewünscht funktionieren, kann man die Einstellung nur für dieses Angebot abschalten.

- *Alle Cookies und Websitedaten anzeigen*
  Hiermit öffnen Sie eine Liste aller derzeit von Ihrem Edge-Browser gespeicherten Cookies und anderer Websitedaten. Diese ist alphabetisch
  sortiert und kann außerdem nach Webadressen durchsucht werden. Sie
  können bei jedem Eintrag das Pfeilsymbol rechts anklicken, um die Daten im Detail zu betrachten. Außerdem können Sie mit dem Papierkorb-
  symbol ganz rechts einzelne Daten löschen.

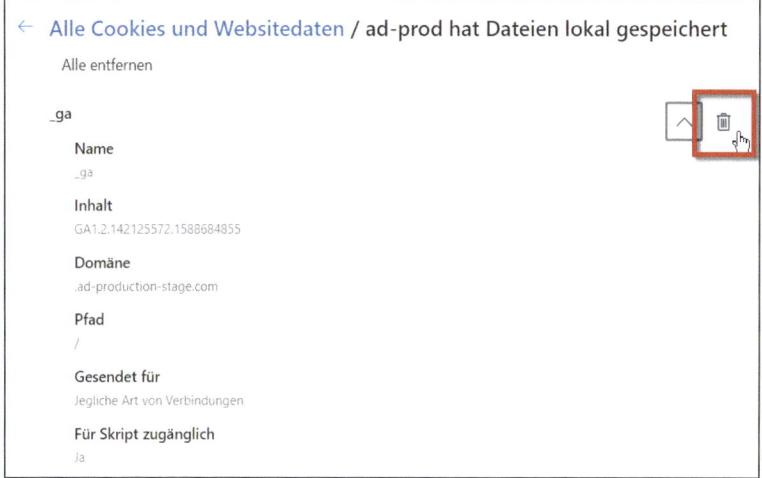

- *Block-* und *Zulassen*-Listen
  Wie bei anderen Websiteberechtigungen können Sie auch für Cookies Listen von Webadressen pflegen. Diesen wird die Berechtigung für Cookies
  dann unabhängig von der oben gewählten Einstellung immer verweigert oder erlaubt.

- *Beim Beenden löschen*-Liste
  Zusätzlich finden Sie nur bei Cookies eine dritte Liste. Für Webseiten,
  deren Adressen Sie hier vermerken, werden alle gespeicherten Cookies
  und sonstige Daten beim Beenden von Edge automatisch gelöscht. So
  ist sichergestellt, dass Sie anhand dieser Daten höchstens während einer
  Browsersitzung erfasst und wiedererkannt werden können.

Abweichende Berechtigungen für bestimmte Websites festlegen

Hat man die grundlegenden Websiteberechtigungen für Edge möglichst datensparsam festgelegt, kann es passieren, dass bestimmte Webseiten nicht mehr korrekt funktionieren. Eventuell werden sie nur teilweise angezeigt, es kommt zu Fehlermeldungen, oder bei Onlineshops bleibt der Warenkorb einfach leer. In solchen Fällen kann man diesem Webangebot erweiterte Berechtigungen einräumen. Diese gelten nicht nur für diese eine Sitzung, sondern Edge »merkt« sich diese und aktiviert sie beim nächsten Besuch des Angebots automatisch wieder. Man muss also in der Regel nur einmal nachjustieren und kann die Webseiten ab da uneingeschränkt nutzen.

1 Wenn es zu Problemen bei einer Webseite kommt, klicken Sie im Adress- und Suchfeld von Edge rechts neben der Webadresse auf das Schloss- Symbol bzw. das Info-Symbol bei unverschlüsselten Webseiten.

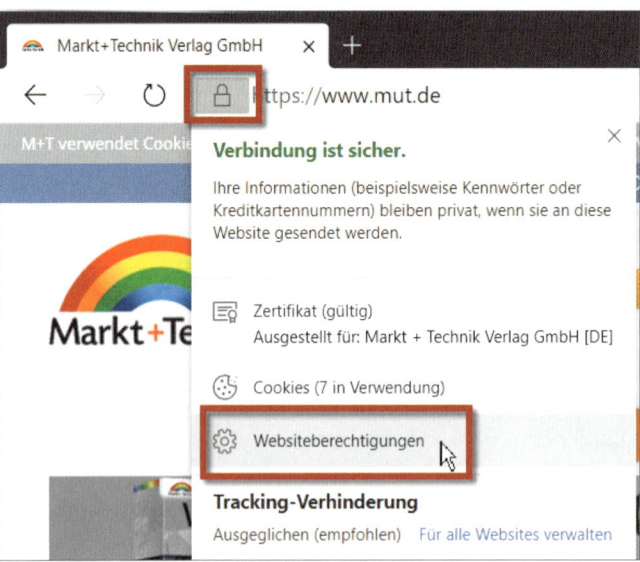

2 Damit öffnen Sie einen Dialog mit Informationen zur Sicherheit und Vertraulichkeit dieser Webseite (mehr dazu auf Seite 118). Klicken Sie darin auf *Websiteberechtigungen*.

3 Dies öffnet in Edge die Einstellungen in der Rubrik *Websiteberechtigungen*. Wie Sie an der Überschrift auf der rechten Seite erkennen können, handelt es sich diesmal aber um Berechtigungen, die spezifisch für die aktuell angezeigte Webseite gelten, deren Adresse hier angezeigt wird. Diese Berechtigungen gelten also für alle Webseiten, deren URL mit der hier angezeigten Adresse beginnt.

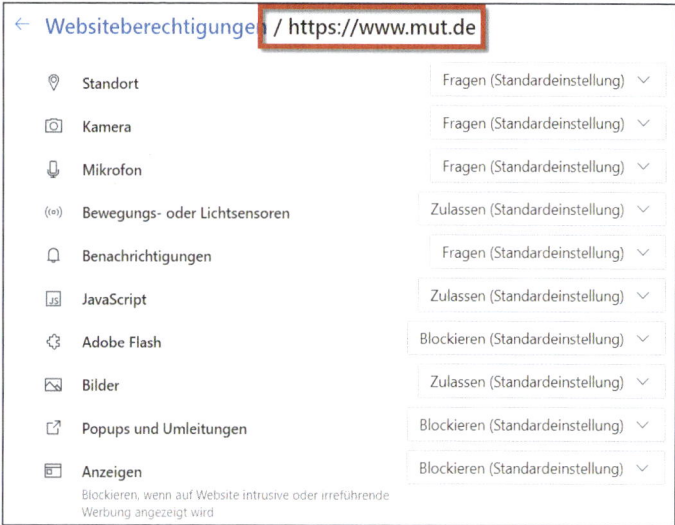

4 Jede Berechtigung für diese Website entspricht grundsätzlich den globalen Edge-Einstellungen für diese Berechtigung. Deshalb ist sie im Auswahlfeld auch mit der Ergänzung *(Standardeinstellung)* versehen. Sie können aber abweichend davon für die meisten Berechtigungen eine von drei Optionen wählen:

- *Fragen*
  Der Edge-Browser fragt Sie jedes Mal, wenn diese Website eine entsprechende Aktion ausführen möchte.

- *Zulassen*
  Die Aktion wird bei dieser Website grundsätzlich ohne Rückfrage zugelassen.

- *Block*
  Die Aktion wird bei dieser Website grundsätzlich ohne Rückfrage abgelehnt.

5   Haben Sie die Berechtigungen entsprechend Ihren Vorstellungen angepasst, können Sie die Einstellungen einfach schließen. Sie werden dann automatisch übernommen. Allerdings kann es sein, dass Sie die angezeigte Webseite einmal neu laden müssen, damit sich Änderungen an den Berechtigungen auswirken.

Berechtigungen zurücksetzen

Ganz unten am Ende der seitenspezifischen Websiteberechtigungen finden Sie den Eintrag *Berechtigungen zurücksetzen*. Das ist praktisch, wenn eine Webseite mit abweichenden Einstellungen nicht funktioniert und Sie nicht sicher sind, welche Berechtigung genau dafür verantwortlich ist. Dann werden alle Berechtigungen für diese Website auf einen Schlag auf die Standardeinstellung von Edge zurückgesetzt.

Unerwünschtes Tracking beim Websurfen verhindern

Werbevermarkter und Datenschnüffler lassen sich immer neue Technologien einfallen, mit denen sie Surfer identifizieren und deren Verhalten möglichst nahtlos nachverfolgen können. Edge bringt spezielle Funktionen mit, die solche Tracking-Elemente in Webseiten erkennen und blockieren sollen. Standardmäßig laufen diese auf einem sinnvollen Niveau, das einen Kompromiss zwischen Schutz und Benutzerfreundlichkeit anstrebt. Sie können die Einstellungen aber individuell anpassen und Regeln für spezielle Webseiten festlegen.

1 Ausgangspunkt sind die Websiteinformationen, die Sie jederzeit zur aktuell geöffneten Webseite anzeigen können. Klicken Sie dazu links neben dem Adress- und Suchfeld auf den Infobereich.

2 Im so geöffneten Dialog sehen Sie eine Bewertung der Webseite nach Sicherheits- und Datenschutzgesichtspunkten.

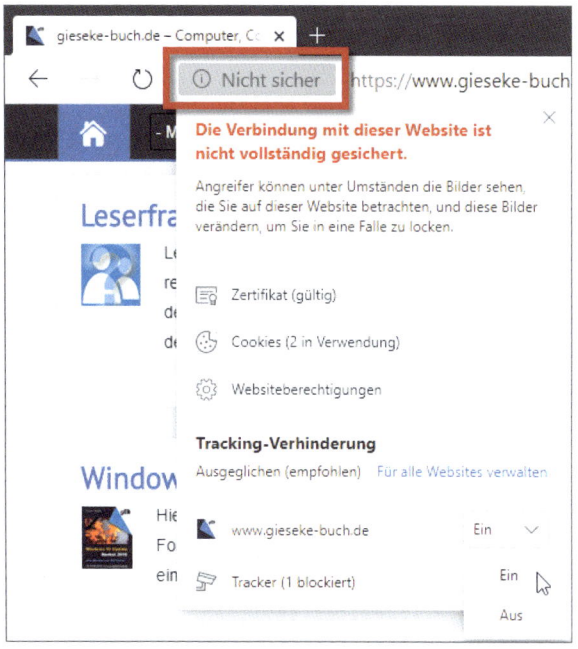

Insbesondere wenn Sie vertrauliche Informationen wie Kennwörter, PINs oder Kreditkartendaten eingeben möchten, sollte die Verbindung stets verschlüsselt sein. In dem Fall steht ganz oben *Verbindung ist sicher*. Steht hier hingegen *Die Verbindung mit dieser Website ist nicht vollständig gesichert*, verwendet die Webseite (zumindest teilweise) keine HTTPS-Verschlüsselung. In diesem Fall sollten Sie keinesfalls vertrauliche Informationen wie Passwörter oder Kreditkartendaten eingeben (siehe auch Seite 134).

- Darunter sehen Sie ggf. Informationen über das Zertifikat des Anbieters sowie verwendete Cookies.

- Mit *Websiteberechtigungen* können Sie für einzelne Webseiten Zugriffsrechte festlegen, die von den Standardeinstellungen des Browsers abweichen (siehe auch Seite 116).

- Im Abschnitt *Tracking-Verhinderung* sehen Sie den aktuell gewählten Modus dieser Schutzfunktion – standardmäßig *Ausgeglichen*.

- Darunter können Sie den Tracking-Schutz für die aktuell geöffnete Website individuell ein- oder ausschalten. Edge »merkt« sich diese Einstellung und aktiviert sie automatisch wieder, wenn Sie diese Seiten später erneut besuchen.

- Ganz unten schließlich sehen Sie, ob und wie viele Tracking-Elemente die aktuelle Webseite enthält. Mit einem Klick auf den Eintrag öffnen Sie ein Untermenü mit diesen Trackern.

3 Sollte eine Webseite nicht korrekt funktionieren und Sie haben hinsichtlich des Trackings keine Bedenken, können Sie die Funktion für diese Webseite mit dem Einstellungsfeld unter *Tracking-Verhinderung* abschalten.

4 Mit einem Klick auf *Für alle Websites verwalten* öffnen Sie die Tracking-Einstellungen für Edge in den globalen Einstellungen. Alternativ finden Sie diese auch in den *Einstellungen* in der Rubrik *Datenschutz und Dienste* ganz oben.

5 Mit dem Schalter rechts oben schalten Sie den Tracking-Schutz global ein oder aus.

6 Die drei Kästchen darunter stehen für verschiedene Profile, mit denen die Tracking-Verhinderung zu Werke gehen kann:

- *Einfach*
Blockiert im Wesentlichen als schädlich bekannte Tracking-Elemente und lässt ansonsten alles zu. Probleme mit Webseiten gibt es in diesem Modus praktisch nicht.

- *Ausgewogen*
Ist die empfohlene Standardeinstellung. Damit werden schädliche Tracker und Elemente blockiert, die von externen Adressen in Webseiten eingebunden werden. Das bietet einen guten Basisschutz und

sollte selten zu Problemen mit Darstellung oder Funktionalität von Webseiten führen.

■ *Streng*
Wenn Sie sehr großen Wert auf das Blockieren von Trackern legen, können Sie diese Einstellung ausprobieren. Hierbei wird fast alles blockiert, was allerdings regelmäßig zu Problemen mit Webseiten führen wird. Für diese können Sie dann aber wie vorangehend beschrieben ggf. den Tracking-Schutz deaktivieren.

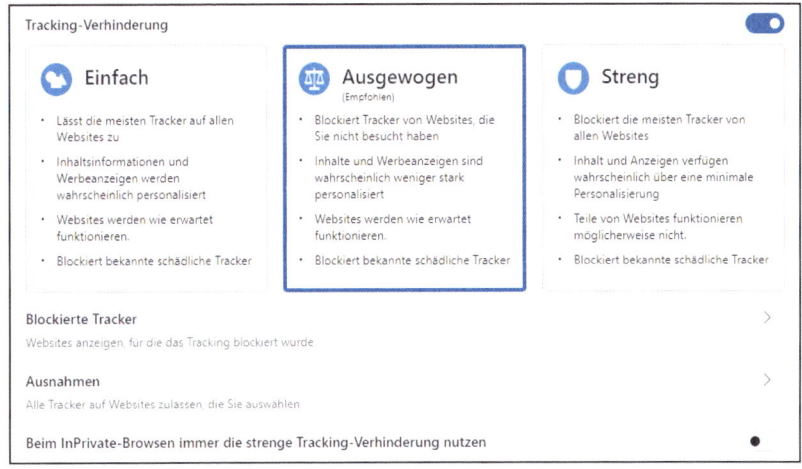

Im InPrivate-Modus ganz anonym surfen

Zu den Datenschutzfunktionen des Edge-Browsers gehört das InPrivate-Surfen. In diesem Modus verzichtet der Edge-Browser auf das Speichern aller Arten von Daten, mit denen Ihre Aktivitäten verfolgt werden können. Selbst Cookies werden nur für diese eine Surfsitzung aufbewahrt (um z. B. Onlineshopping zu ermöglichen) und anschließend sofort wieder gelöscht.

Der InPrivate-Modus eignet sich deshalb hervorragend, wenn Sie z. B. vorübergehend an einem fremden PC surfen wollen oder wenn Sie Aktivitäten am eigenen PC vor anderen Mitbenutzern geheim halten möchten.

1 Um den InPrivate-Modus
zu nutzen, öffnen Sie mit
dem Menüsymbol in der
Symbolleiste des Browsers
das Menü und wählen dort
Neues InPrivate-Fenster. Alternativ geht es mit dem
Tastenkürzel [Strg]+[⇧]+[N]
schneller.

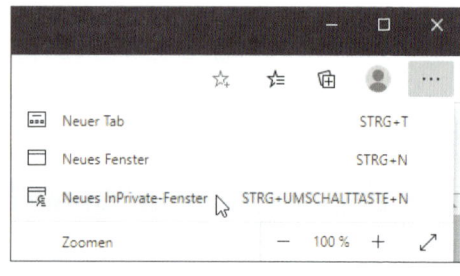

2 Der Edge-Browser öffnet dann ein neues Fenster, das sich durch seine
Farbgestaltung und den Schriftzug *InPrivate-Browsen* deutlich vom üblichen Edge-Fenster unterscheidet. Unterhalb des Suchfeldes finden Sie
Hinweise zum InPrivate-Modus.

3 Wichtig ist auch das Kontosymbol in der Symbolleiste des Browser-Fensters. Anstelle eines Kontos finden Sie hier nun den unübersehbaren Hinweis
InPrivate. Solange diese Markierung sichtbar ist, können Sie sich darauf
verlassen, im Datenschutzmodus zu surfen.

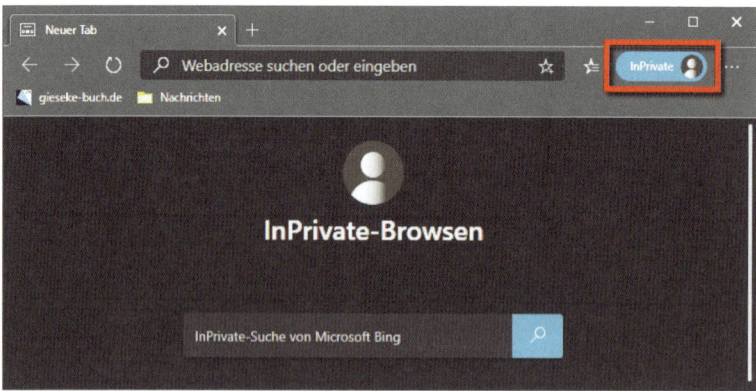

4 Sie können nun wie gewohnt surfen, shoppen und sonstigen Onlineaktivitäten nachgehen.

5 Um den InPrivate-Modus wieder zu beenden, schließen Sie einfach dieses Browser-Fenster.

Sie können herkömmliche Browser-Fenster und ein InPrivate-Fenster beliebig parallel nutzen. Der Edge-Browser kann beides sauber trennen und surft in der InPrivate-Sitzung trotzdem mit vollem Datenschutz. Nur Sie selbst sollten darauf achten, in welchem der Fenster Sie ggf. vertrauliche Daten eingeben.

Mit wechselnden Benutzerprofilen surfen

Eine weitere Möglichkeit, Datenschutz mit Komfort zu kombinieren, ist das Verwenden verschiedener Profile in Edge. Ähnlich wie Windows-Benutzer jeweils eine individuelle Umgebung und ihre eigenen Dateien vorfinden, können Sie auch in Edge verschiedene Benutzerprofile anlegen, die jeweils ihre eigenen Einstellungen verwenden. So können Sie beispielsweise ein restriktives Profil für allgemeine Recherchen haben, ein sehr sicheres Profil für Onlinebanking und Shopping und ein weniger strenges Profil, um komfortabel in Ihren Lieblingsforen diskutieren zu können.

1 Um ein neues Profil anzulegen, klicken Sie oben rechts auf das Profilsymbol.

2 In der Profilübersicht ist entweder Ihr verknüpftes Microsoft-Konto zu sehen oder ein generisches *Profil 1*.

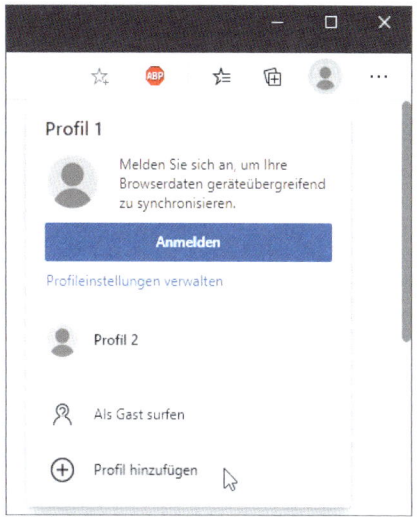

3 Klicken Sie darunter auf *Profil hinzufügen* und dann noch mal auf *Hinzufügen*.

4 Sie können nun dieses neue Profil mit einem Microsoft-Konto verknüpfen oder aber einfach rechts unten auf *Bestätigen* klicken.

5 Edge startet dann eine weitere Browserinstanz. Wenn Sie darin erneut auf das Profilsymbol in der Symbolleiste klicken, sehen Sie, dass Sie nun mit *Profil 2* (oder *Profil 3* usw.) surfen.

6 Um die Profile zu personalisieren, klicken Sie in der Profilübersicht auf *Profileinstellungen verwalten*.

7 Wechseln Sie ggf. zum gewünschten Profil und klicken Sie dort auf das Drei-Punkte-Symbol. Wählen Sie im Menü den Befehl *Bearbeiten*.

8 Auf der anschließenden Seite können Sie einen individuellen Namen für das Profil festlegen. Außerdem können Sie aus den Symbolen ein passendes wählen, sodass Sie das Profil immer direkt daran erkennen können.

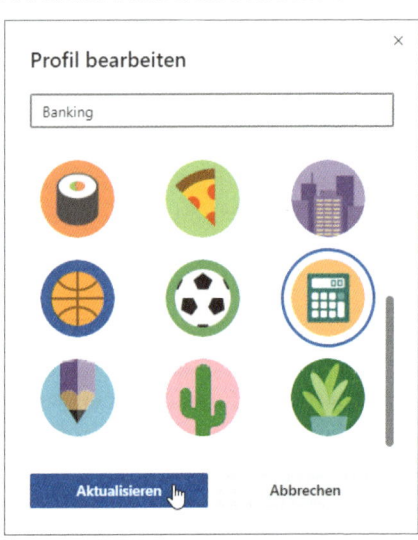

Zwischen den so eingerichteten Profilen wechseln Sie jederzeit nach Bedarf hin und her. Beachten Sie, dass Edge jedes Mal ein zusätzliches Browser-Fenster öffnet. Stellen Sie also sicher, dass Sie jeweils auch wirklich das gewünschte Profil nutzen.

Das Profilsymbol wird dauerhaft in der Symbolleiste angezeigt und bietet somit eine gute Orientierung.

Profil 1 als meistgenutztes Profil

Wenn Sie Edge öffnen, startet er immer mit *Profil 1* (bzw. dem ehemaligen Profil 1, wenn Sie es umbenannt haben). Deshalb sollten Sie dieses Profil mit den Einstellungen versehen, mit denen Sie meistens surfen möchten.

Zu weiteren Profilen mit spezielleren Einstellungen wechseln Sie dann nach Bedarf.

Lästige Benachrichtigungen von Webseiten blockieren

Die neueste Mode bei Webseitendesignern ist es, Besuchern Benachrichtigungen in Form von Pop-up-Fenstern zu schicken, die auf Neuigkeiten oder Produkte aufmerksam machen sollen. Das lässt Edge standardmäßig nicht zu, fragt aber jedes Mal nach, ob Sie es vielleicht doch erlauben möchten. Ihre Entscheidung »merkt« sich Edge und handelt beim nächsten Mal automatisch entsprechend.

Wenn Sie von solchen ständigen Rückfragen genervt sind, können Sie solche Benachrichtigungen aber auch ganz untersagen:

1 Öffnen Sie in den Einstellungen von Edge die Rubrik *Websiteberechtigungen*.

2 Lokalisieren Sie in der Liste der Berechtigungen den Eintrag *Benachrichtigungen* und klicken Sie darauf.

3 Schalten Sie auf der anschließenden Seite den Schalter bei *Vor dem Senden fragen* aus. Dann werden solche Anfragen automatisch blockiert.

Falls Sie von einzelnen Webseiten doch Benachrichtigungen erhalten möchten, können Sie diese auf derselben Einstellungsseite in die *Zulassen*-Liste aufnehmen. Oder Sie schalten die Funktion kurzzeitig wieder an, besuchen die Webseite, genehmigen auf Anfrage Benachrichtigungen von dort und schalten die Funktion dann wieder aus (siehe hierzu auch Seite 116).

Mit dem Application Guard noch sicherer surfen

Der Application Guard geht noch einen Schritt weiter als der InPrivate-Modus: Er führt den gesamten Edge-Browser in einer virtuellen Umgebung aus, die vom restlichen Betriebs- und Dateisystem vollständig getrennt ist.

Sogar wenn besuchte Webseiten Schadsoftware enthalten würden, könnte diese also allenfalls in der virtuellen Umgebung und temporär Probleme verursachen. Das Betriebssystem sowie Ihre Daten sind aber zu keinem Zeitpunkt gefährdet. Und ebenso kann alles, was innerhalb des Application Guard passiert, niemals vertrauliche Daten übermitteln, solange Sie diese nicht selbst unmittelbar in dem Moment eingeben.

Beim Beenden der Sitzung wird der virtuelle Sandkasten – und damit auch alle Datenspuren – vollständig gelöscht. Mit dem Application Guard können Sie somit die »finstersten« Ecken des Internets besuchen, ohne Risiken einzugehen.

Den Application Guard aktivieren

Der Application Guard für Edge ist in Windows 10 enthalten, standardmäßig aber deaktiviert.

Wenn Sie ihn verwenden möchten, müssen Sie ihn also einmalig aktivieren:

1 Öffnen Sie in der klassischen Systemsteuerung die Rubrik *Programme und Features* und darin *Windows-Features aktivieren oder deaktivieren*.

2 Lokalisieren Sie in der so geöffneten Liste den Eintrag *Windows Defender Application Guard* und setzen Sie davor ein Häkchen.

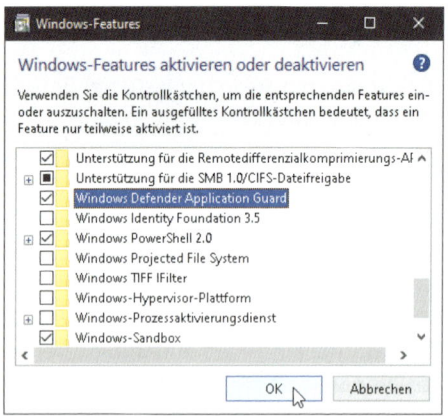

3 Klicken Sie darunter auf *OK* und warten Sie, bis das Feature installiert wurde.

4 Anschließend muss der PC einmal neu gestartet werden.

Surfsitzungen mit dem Application Guard beginnen

Haben Sie den Application Guard wie vorangehend beschrieben aktiviert, finden Sie im Menü des Edge-Browsers einen neuen Eintrag namens *Neues Application Guard-Fenster* vor. Damit können Sie jederzeit eine Surfsitzung mit dem Schutz des Application

Guard starten. Der erste Start kann dabei einige Sekunden dauern – danach geht es flotter. Das Browserfenster unterscheidet sich bei Verwendung des Application Guard kaum von einem herkömmlichen Edge-Fenster. Nur in der Ecke wird ein zusätzliches Symbol angezeigt, an dem Sie zuverlässig erkennen können, dass Sie nun in einem geschützten Bereich surfen. Zum Beenden schließen Sie das Fenster einfach wieder.

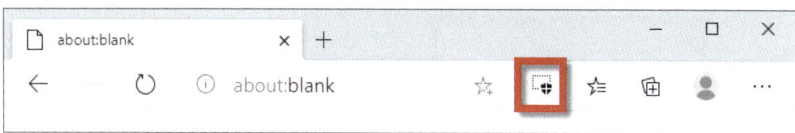

Browser-Erweiterungen für mehr Datenschutz

Als Browser-Erweiterungen bezeichnet man das Ergänzen der Funktionalität durch Module, die Anwender nach eigenem Bedarf installieren und nutzen können. Ein Beispiel ist der Werbeblocker Adblock Plus, der – weit über die Basisfunktionen des Webbrowsers hinausgehend – Werbung ausblenden und Tracking-Elemente blockieren kann und sich dabei vom Benutzer flexibler anpassen lässt.

Adblock Plus in Edge installieren

Um eine Erweiterung zu nutzen, muss sie einmalig heruntergeladen und installiert werden. Danach wird sie bei jedem Browser-Start mit aktiviert und stellt ihre Funktionen automatisch zur Verfügung.

1 Um eine Erweiterung zu installieren, öffnen Sie das Menü des Edge-Browsers und wählen den Menüpunkt *Erweiterungen*.

2 Dadurch werden in der Seitenleiste die installierten Erweiterungen angezeigt. Anfangs ist diese Liste noch leer bzw. mit Vorschlägen gefüllt. Das können Sie schnell ändern, indem Sie auf den Link *Holen Sie sich Erweiterungen aus dem Microsoft Store* klicken.

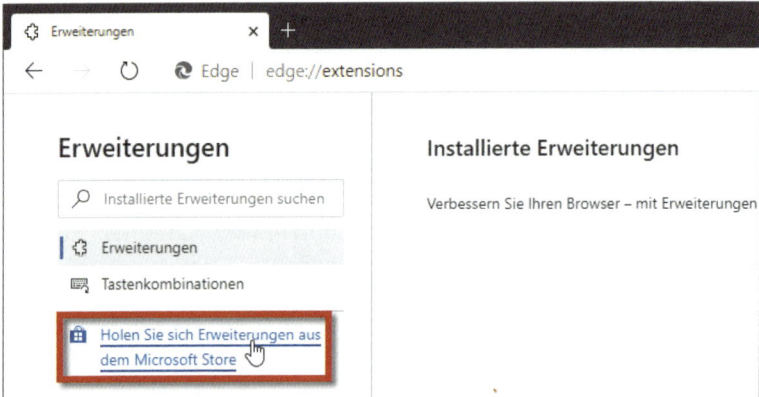

3 Damit öffnen Sie den Microsoft Store direkt in der passenden Kategorie mit einer Übersicht der verfügbaren Erweiterungen. Oftmals finden Sie *Adblock Plus* direkt in dieser Liste, da diese als Browser-Erweiterung zum automatischen Ausblenden von Onlinewerbung sehr beliebt ist. Andernfalls geben Sie den Namen der Erweiterung im Suchfeld ein, um diese schnell finden zu können.

4 Wenn Sie den Eintrag einer Erweiterung anklicken, gelangen Sie zu deren Detailseite und können hier auf die *Abrufen*-Schaltfläche klicken, um sie einzurichten.

5 Warten Sie ggf. kurz ab, bis das Herunterladen beendet ist. Sie werden nun gefragt, ob die Erweiterung in den Browser integriert werden soll. Klicken Sie auf *Erweiterung hinzufügen*, um dies zu gestatten.

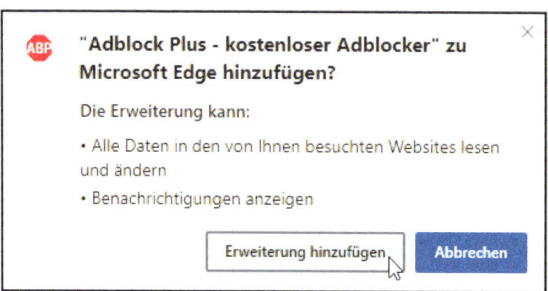

6 Im Fall von Adblock Plus wird anschließend noch eine Webseite mit zusätzlichen Informationen geöffnet.

Das war es auch schon. Ab sofort ist die Erweiterung in Ihrem Edge-Browser aktiv. Optisch macht sich das zunächst nur in einem neuen Symbol in der Symbolleiste bemerkbar.

Adblock Plus im praktischen Einsatz

Adblock Plus fügt sein Symbol in die Symbolleiste des Browsers ein. Ist es mit einer Zahl versehen, erkennen Sie daran, dass Adblock Plus bei der aktuell angezeigten Web-

seite Elemente blockiert hat. Das kann unter Umständen dazu führen, dass eine Webseite nicht vollständig dargestellt wird oder es zu anderen Problemen damit kommt. Auch erkennen immer mehr Webseiten den Einsatz von Werbeblockern wie Adblock Plus und fordern Sie ggf. auf, diese zu deaktivieren.

1 Klicken Sie das Adblock-Plus-Symbol in der Symbolleiste an, um mehr zu erfahren.

2 Im so geöffneten Dialog erfahren Sie, wie viele Elemente Adblock Plus auf dieser Seite und insgesamt blockiert hat. Sollte die Webseite dadurch nicht korrekt funktionieren, können Sie mit den Schaltern Adblock Plus nur für *Diese Seite* oder für das gesamte Webangebot (*Diese Webseite*) deaktivieren.

3 Laden Sie die Webseite anschließend neu, damit sie nun einschließlich der zuvor blockierten Elemente angezeigt wird und somit hoffentlich uneingeschränkt funktioniert.

Adblock Plus »merkt« sich die so festgelegte Ausnahmeregel dauerhaft. Wenn Sie diese Webseiten später erneut besuchen, wird der Adblocker also automatisch wieder deaktiviert.

Adblock Plus optimal einstellen

Adblock Plus lässt sich über einige Einstellungen an den individuellen Schutzbedarf des Benutzers anpassen. Diese Optionen sollten Sie unbedingt kontrollieren und ggf. nachjustieren, denn aus den Standardeinstellungen lässt sich noch einiges herausholen.

1 Um die Einstellungen von Adblock Plus zu öffnen, klicken Sie (auf einer beliebigen Webseite) auf das Symbol in der Symbolleiste.

2 Klicken Sie im so geöffneten Statusdialog rechts oben auf das Zahnradsymbol.

3 So öffnen Sie die umfangreichen Einstellungen der Erweiterung, die sich über mehrere Rubriken (in der Navigationsleiste links) verteilen. Die wesentlichen Optionen stelle ich im Folgenden vor.

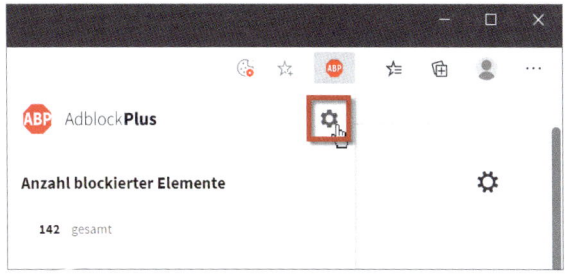

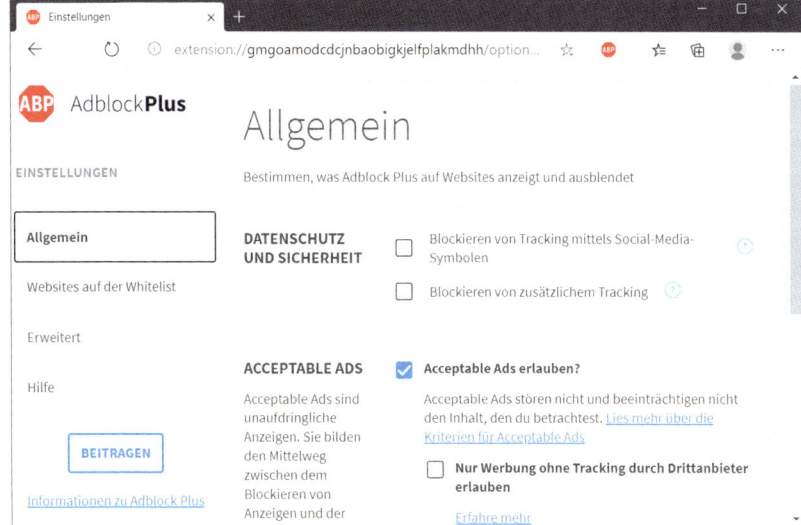

Blockieren von Tracking mittels Social-Media-Symbolen

Adblock-Plus-Einstellungen: *Allgemein/Datenschutz und Sicherheit*

Informationen im Web werden gern mit Symbolen bekannter sozialer Dienste wie Facebook, Twitter, Pinterest usw. versehen, damit Besucher sie auf diesen Kanälen schnell und unkompliziert teilen und so die Reichweite erhöhen können. Das Problem dabei ist, dass solche Symbole oftmals direkt von den Servern dieser sozialen Dienste eingebettet werden. Wenn Sie Webseiten mit solchen Symbolen lesen, rufen Sie die Symbole zwangsläufig ab und hinterlassen dort unfreiwillig Datenspuren, selbst wenn Sie mit solchen Plattformen eigentlich gar nichts am Hut haben. Wenn Sie diese Option einschalten, blockiert Adblock Plus das Abrufen solcher eingebetteten Symbole bekannter Plattformen automatisch.

Standard: *Aus* – Empfehlung: *Ein*

Blockieren von zusätzlichem Tracking

Adblock-Plus-Einstellungen: *Allgemein/Datenschutz und Sicherheit*

Diese Option arbeitet ähnlich wie die vorangehend beschriebene. Allerdings konzentriert sie sich auf eingebettete Inhalte bekannter Werbe- und Trackingfirmen, die ihre Inhalte teilweise unsichtbar (beispielsweise in Form transparenter 1x1-Pixel großer Bilder) in Webseiten einbetten. Auch hier empfiehlt es sich, die Option einzuschalten.

Standard: *Aus* – Empfehlung: *Ein*

Acceptable Ads erlauben

Adblock-Plus-Einstellungen: *Allgemein/Acceptable Ads*

Acceptable Ads gehören zum Geschäftsmodell der Adblock-Entwickler. Sie verkaufen die Zertifizierung als »akzeptable Werbung«, wenn die Anzeigen bestimmten Kriterien entsprechen und beispielsweise nicht zu groß und störend sind. Damit wird das Angebot und die Weiterentwicklung von Adblock Plus finanziert. Ob man das unterstützen möchte, steht jedem frei.

Standard: *Ein* – Empfehlung: Keine

Nur Werbung ohne Tracking durch Drittanbieter erlauben

Adblock-Plus-Einstellungen: *Allgemein/Acceptable Ads*

Bei den *Acceptable Ads* wird unterschieden zwischen solchen, die Tracking durch Drittanbieter erlauben, und solchen ohne dieses Tracking. Egal, wie man zur Idee der »akzeptablen Werbung« steht, diese Option sollte in jedem Fall aktiviert werden, um Tracking durch Drittanbieter, die man gar nicht bewusst besucht hat, zu verhindern.

Standard: *Aus* – Empfehlung: *Ein*

Websites auf der Whitelist

Adblock-Plus-Einstellungen: *Websites auf der Whitelist*

Auf die weiße Liste können Sie Webangebote setzen, bei denen Adblock Plus grundsätzlich keine Werbung und/oder Tracking-Elemente blockieren soll. Vielleicht besuchen Sie regelmäßig Webseiten, die sich durch Werbung finanzieren oder die beispielsweise erzielte Werbeeinnahmen einem guten Zweck zukommen lassen? Wenn Sie das unterstützen möchten, können Sie diese Webseite auf die Liste setzen, indem Sie die Adresse des Servers ohne konkrete Seitenangaben (also beispielsweise *www.server.de*) im Eingabefeld eintippen und dann auf *Hinzufügen* klicken.

Empfehlung: Fügen Sie nur Webadressen hinzu, die Sie durch das Akzeptieren von deren Onlinewerbung bewusst unterstützen möchten.

Filterlisten

Adblock-Plus-Einstellungen: *Erweitert/Filterlisten*

Adblock Plus basiert zum großen Teil auf Filterlisten, in denen URLs vermerkt sind, die als Werbe- oder Tracking-Elemente zu blockieren sind. Diese Listen müssen regelmäßig aktualisiert werden, was die Erweiterung aber in der Regel zuverlässig von allein erledigt. Die Schaltfläche *Alle Filterlisten aktualisieren* sollten Sie also nur in Ausnahmefällen benötigen.

Spannender ist die Möglichkeit, hier andere als die Standard-Filterlisten zu wählen. Mit einem Klick auf *Integrierte Filterlisten hinzufügen* öffnen Sie eine Liste der zusätzlichen Filter, die Adblock Plus schon von Haus aus mitbringt. Mit *Filterliste über URL hinzufügen* können Sie beliebige Filterlisten in die Erweiterung integrieren.

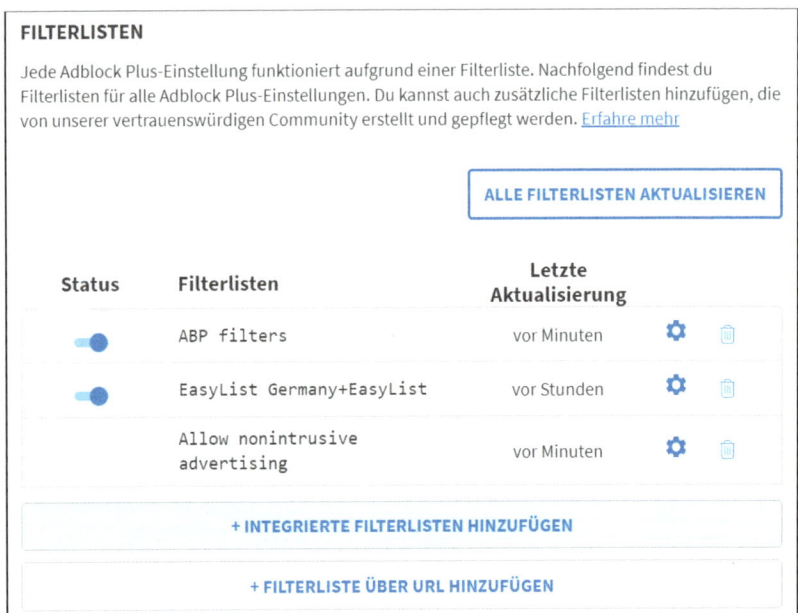

Sichere Webseiten mit HTTPS

Webseiten werden standardmäßig mit dem **H**yper**T**ext **T**ransfer **P**rotocol HTTP übertragen. Das gilt für alle Transfers, die mit dem Benutzen solcher Seiten und Dienste zu tun haben, also auch für die Eingaben der Anwender beispielsweise beim Einloggen, beim Abrufen sensibler Daten oder beim Ausfüllen von Formularen. Da HTTP unverschlüsselt arbeitet, können alle diese Daten prinzipiell sowohl beim Webserver selbst als auch durch einen am Transport beteiligten oder ausdrücklich zu diesem Zweck im Transportweg platzierten Rechner mitgeschnitten und belauscht werden.

Um solche Gefahren zu beseitigen, wurde HTTP zum **H**yper**T**ext **T**ransfer **P**rotocol **S**ecure HTTPS weiterentwickelt. Das erweitert das ursprüngliche Protokoll um Verschlüsselungsfunktionen, mit denen der Datentransfer zwischen Webbrowser und -server sicher codiert erfolgt. Selbst wenn jemand die Datenpakete abfängt und belauscht, könnte er damit also wenig anfangen. Das bringt gleich mehrere Gewissheiten:

■ Der Anwender kann sicher sein, dass ein Webdienst »echt« ist – zumindest auf einer rein technischen Ebene.

■ Alle eingegebenen Daten werden abhör- und manipulationssicher an den Server übermittelt.

■ Auch Webseiten, die vom Server ausgeliefert werden, wurden unterwegs garantiert nicht manipuliert.

Im Prinzip wäre damit das Problem gelöst und alles in Ordnung. Leider hat die Sache ein paar Haken:

■ HTTP existiert weiter und hat auch weiterhin seine Existenzberechtigung. Immerhin stellt das Verschlüsseln einen gewissen Zusatzaufwand dar. Und bei Webseiten ohne Anmeldung und persönliche Daten muss man diesen eigentlich nicht treiben, weil hier ohnehin nichts geheim ist. Letztlich bleibt es dem Betreiber eines Angebots überlassen, ob er seinen Webserver für HTTPS konfiguriert oder nicht.

■ Im Prinzip (und auch in der Praxis) kann eine Webseite sogar HTTP- und HTTPS-Inhalte mischen.

■ Aus diesem Grund unterstützen praktisch alle Webbrowser zusätzlich zu HTTPS weiterhin auch HTTP. Und das ganz unauffällig und transparent, denn man will ja den Nutzer nicht ständig mit Hinweisen warnen, dass er gerade auf einer »unsicheren« Seite unterwegs ist.

■ Das macht es für Anwender nicht gerade einfacher zu erkennen, ob der aktuell genutzte Webdienst nun HTTP oder das sicherere HTTPS verwendet.

■ Dadurch ist es für Angreifer recht einfach, Surfer auf unsichere Seiten zu locken. Dort kann man ihnen leichter manipulierte Informationen unterschieben oder sie dazu bekommen, vertrauliche Daten einzugeben.

HTTPS – sichere Webseiten mit SSL-Zertifikaten

HTTPS basiert auf Zertifikaten für **S**ecure **S**ocket **L**ayer (SSL). Ein solches Zertifikat besteht aus einem privaten Schlüssel, mit dem Daten für andere verschlüsselt werden können. Dazu gehört ein öffentlicher Schlüssel, mit dem diese Daten von anderen wieder lesbar gemacht werden können. Damit ein Webserver HTTPS anbieten kann, muss der Betreiber ein solches SSL-Zertifikat erwerben und installieren. Meldet sich ein Webbrowser beim Server, übermittelt er diesem den öffentlichen Teil des Zertifikats. Der Webbrowser kann nun die Echtheit dieses Zertifikats überprüfen. Ist er mit dem Ergebnis zufrieden, entschlüsselt er damit die übermittelten Daten und verarbeitet sie. In der Praxis wird SSL nicht für alle Datentransfers genutzt, da es dafür zu aufwendig ist. Stattdessen verwenden Webserver und -browser es nur, um zu Beginn des Kontaktes die Details für ein effizienteres symmetrisches Verfahren festzulegen (»Handshake«). Dazu wird ein gemeinsamer Session-Schlüssel vereinbart, den dann beide bei allen Transfers zugrunde legen.

Wie »überprüft« der Webbrowser die Echtheit eines SSL-Zertifikats? Das Zertifikat ist seinerseits mit einem Zertifikat der Stelle versehen, die das Zertifikat ausgestellt hat. Dadurch entstehen Zertifikatsketten, die sich letztlich auf eine Handvoll »Root-Zertifikate« zurückführen lassen. Diese Zertifikate gelten als allgemein verbindlich und werden mit dem Webbrowser auf dem Rechner des Anwenders installiert (bzw. ggf. mit dem Browser aktuell gehalten).

Die Sicherheit einer Webseite überprüfen

Deshalb ist es wichtig, spätestens vor dem Eingeben persönlicher Daten bzw. dem Anmelden zu überprüfen, ob die Webseite mit HTTPS verschlüsselt ist.

1 Wenn eine Webseite angezeigt wird, beachten Sie das Adress- und Suchfeld im Webbrowser. Prüfen Sie hier zunächst, ob die richtige Adresse angezeigt wird. Nun wird man nicht in jedem Fall wissen können, welches »die richtige« ist. Aber bei ungewöhnlichen Adressen sollte man sofort misstrauisch sein, etwa wenn der Server nur eine IP-Nummer anstelle eines

richtigen Namens aufweist, wenn die Webadresse sehr viele mit Punkten getrennte Bestandteile aufweist oder wenn die Schreibweise eines an sich bekannten Namens ungewöhnlich ist (beispielsweise *paypal-com.net* anstelle von *paypal.com*).

2 Stellen Sie fest, ob die Webseite mit Verschlüsselung arbeitet. Zwar wird das eindeutige *https://...* von vielen Browsern ausgeblendet, aber dafür verraten Symbole den Status. Der Edge-Browser etwa versieht sichere HTTPS-Verbindungen mit einem Schloss-Symbol ganz links im Adress- und Suchfeld. Verwendet eine Seite hingegen nur HTTP oder vermischt HTTP und HTTPS-Elemente, wird stattdessen ein Info-Symbol und der Hinweis *Nicht sicher* angezeigt.

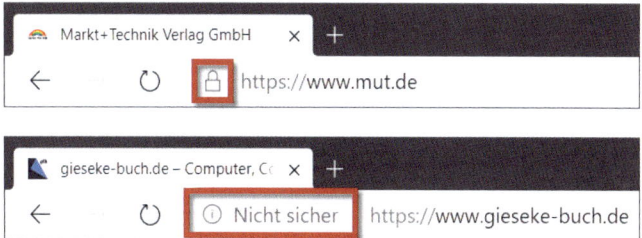

3 Auch wenn eine Verbindung als verschlüsselt angezeigt wird, sollten Sie ggf. auf Nummer sicher gehen und dies überprüfen, bevor Sie vertrauliche Daten eingeben. Dazu können Sie direkt auf das Verschlüsselungssymbol klicken.

4 Daraufhin wird ein Dialog mit näheren Informationen zur Webseite, der verwendeten

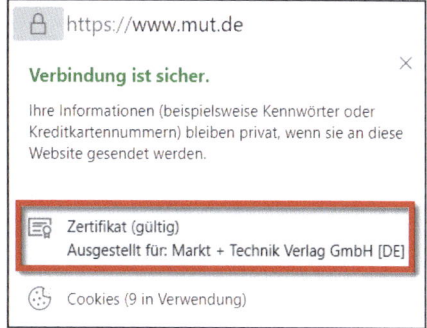

Verschlüsselung und dem zugrunde liegenden Sicherheitszertifikat angezeigt. Achten Sie darauf, dass das Zertifikat auch tatsächlich für den Anbieter ausgestellt wurde, dessen Seiten Sie besuchen.

5 Wenn Sie einen verbreiteten Webbrowser wie Edge verwenden, können Sie sich auf dessen Einschätzung der Zertifikate überwiegend verlassen. Sollte ein Zertifikat aus einer nicht vertrauenswürdigen Quelle stammen oder bereits abgelaufen sein, machen diese Browser Sie automatisch darauf aufmerksam. Sie können aber auch selbst einen Blick auf das Zertifikat werfen und so den Aussteller und die Gültigkeit überprüfen. Interessant ist im Zweifelsfall auch der Zertifizierungspfad, der im Regelfall kurz sein und ganz oben eine bekannte Zertifizierungsstelle eingetragen haben sollte.

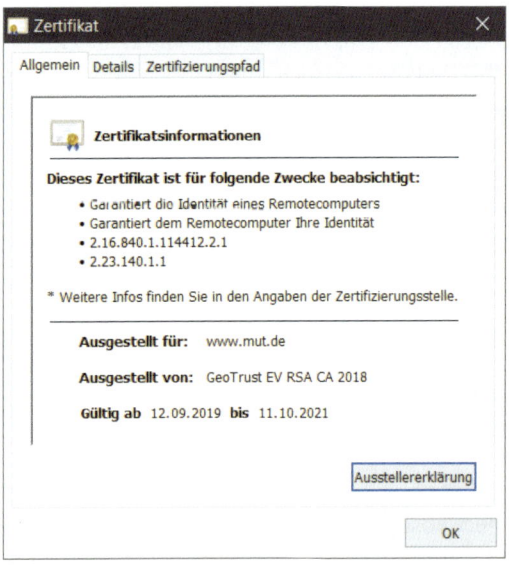

Mit HTTPS Everywhere überall sicher surfen

Wie bereits beschrieben, existieren HTTP und HTTPS nebeneinander, und nicht wenige Webseiten sind sowohl in einer http://- als auch in einer https://-Fassung verfügbar. Aus Sicherheitsas-

pekten ist es sinnvoll, wann immer möglich auf HTTPS zu setzen. Dazu müsste man aber ständig darauf achten und auch wissen, von welchen Seiten es alternative HTTPS-Versionen gibt. Diese Mühe kann Ihnen die Browser-Erweiterung *HTTPS Everywhere* abnehmen, die für Edge (und auch andere gängige Webbrowser wie Firefox, Chrome und Opera) kostenlos verfügbar ist. Sie wird von der Electronic Frontier Foundation angeboten, einer gemeinnützigen Organisation, die sich für Grundrechte wie Datenschutz, Privatsphäre und Verbraucherrechte in der digitalen Welt einsetzt (www.eff.org/https-everywhere).

Kernstück von HTTPS Everywhere ist eine ständig aktualisierte Liste von HTTPS-Webangeboten. Wann immer Sie eine Webadresse mit HTTP öffnen, prüft die Erweiterung anhand dieser Liste, ob eine HTTPS-Alternative dazu vorhanden ist, und lenkt den Webbrowser ggf. automatisch dorthin um. Zusätzlich prüft die Erweiterung auch, ob die bei sicheren Verbindungen übermittelten SSL-Zertifikate den üblicherweise zu diesem Webangebot gehörenden Zertifikaten entsprechen. So ist ein zusätzlicher Schutz vor Manipulationen gewährleistet. Das Übermitteln aller besuchten Webseiten ist aus Datenschutzsicht nicht unproblematisch, aber der Betreiber EFF ist eine renommierte Organisation, der man einen verantwortungsvollen Umgang mit diesen Daten zutrauen darf.

Nach der Installation der Browser-Erweiterung (siehe auch Seite 116) finden Sie deren Symbol in der Symbolleiste wieder. Es ermöglicht den Zugriff auf die Funktionen und visualisiert seinerseits, ob die Erweiterung korrekt arbeitet und den erforderlichen Zugriff auf die angezeigten Webseiten hat. Die eigentliche Aufgabe erledigt die Erweiterung unauffällig im Hintergrund: Wann immer Sie eine Webseite öffnen, vergleicht sie deren Adresse mit seiner internen Regelliste. Findet sich eine passende Regel, wird diese ausgeführt, um stattdessen eine sichere HTTPS-Version dieser Webseite zu laden.

HTTPS-Verbindungen erzwingen

Meine Empfehlung ist allerdings, noch einen Schritt weiter zu gehen und mithilfe der Erweiterung die Verwendung von HTTPS zu erzwingen. Vereinfacht gesagt ersetzt das Add-on dann bei allen URLs das *http://* durch ein *https://*. Das kann dazu führen, dass gelegentlich beispielsweise Bilder nicht mehr angezeigt werden. Nur in Ausnahmefällen werden Webseiten dadurch überhaupt nicht mehr funktionieren. Für solche Fälle können Sie eine Ausnahmeregel definieren (siehe nachfolgenden Abschnitt).

1 Um HTTPS überall zu erzwingen, klicken Sie auf das Symbol der Erweiterung in der Symbolleiste des Webbrowsers.

2 Im so geöffneten Menü stellen Sie das Schaltersymbol bei *Alle geeigneten Seiten verschlüsseln* auf *AN*.

3 Die aktuell angezeigte Webseite wird daraufhin automatisch mit der geänderten Einstellung neu geladen. Klicken Sie irgendwo in diese Webseite, um das Menü der Erweiterung zu schließen.

Ab sofort sorgt *HTTPS Everywhere* dafür, dass der Browser Webseiten und darin enthaltene Elemente wie Bilder nur noch über sichere Verbindungen abruft. Vielleicht stellen Sie fest, dass Webseiten, die bislang vom Browser als »unsicher« markiert wurden, allein deshalb plötzlich ein Schloss-Symbol für vollständige Verschlüsselung per HTTPS erhalten. Das liegt oft daran, dass Seitenelemente wie Bilder nur per HTTP-URLs eingebunden sind, obwohl HTTPS ebenso funktioniert. Solche Nachlässigkeiten der Seitengestalter bügelt die Erweiterung mühelos aus.

Selbstverständlich können Sie dies jederzeit wieder rückgängig machen, wenn das in Einzelfällen zu unüberwindlichen Schwierigkeiten führen sollte. Besser wäre es aber, in solchen Fällen Ausnahmeregeln zu definieren.

Browserdaten löschen

Wenn Sie Ihren PC mit anderen Personen teilen, empfiehlt es sich, für jeden ein eigenes Benutzerkonto einzurichten. Dann brauchen Sie auch keine Sorge zu haben, dass andere Benutzer Einsicht erhalten, welche Webseiten Sie besucht bzw. welche Suchbegriffe Sie verwendet haben, oder dass andere sogar die von Ihnen hinterlegten Anmeldedaten für Webseiten verwenden könnten. Falls das Anlegen von Benutzerkonten Ihnen zu umständlich ist oder Sie den PC nur gelegentlich mal anderen überlassen, gibt es – zumindest bezogen auf den Browser – eine Alternative. Diesen können Sie jederzeit bereinigen, also die gespeicherten Nutzerdaten wie Verlauf, Cookies, zwischengespeicherte Seiten und Bilder oder Formulardaten entfernen lassen.

1 Öffnen Sie das Menü des Edge-Browsers und wählen Sie dort die Funktion *Verlauf/Browserdaten löschen*. Alternativ geht dies auch direkt mit der Tastenkombination [Strg]+[⇧]+[Entf].

2 Im so geöffneten Dialog wählen Sie zunächst ganz oben den Zeitbereich, für den die Daten entfernt werden sollen. So können Sie eine Löschak-

tion beispielsweise auf die *Letzte Stunde* beschränken, wenn Sie da gerade besonders vertrauliche Dinge erledigt haben.

3 In der Liste mit Optionen darunter legen Sie fest, welche Daten gelöscht werden sollen. Standardmäßig löscht Edge *Browserverlauf, Downloadverlauf, Cookies und andere Websitedaten* sowie *Zwischengespeicherte Bilder und Dateien.*

4 Weitere Elemente wie gespeicherte *Kennwörter, Formulardaten* oder *Websiteberechtigungen* bleiben erhalten. Das ist auch sinnvoll, da diese Daten nur mühsam wiederherzustellen sind und insofern mit einem hohen Komfortverlust einhergehen können. Trotzdem können Sie auch diese Optionen jederzeit aktivieren.

5 Abhängig vom gewählten Zeitbereich zeigt der Dialog zu jeder Option an, wie viele Elemente das Löschen jeweils betreffen würde.

6 Haben Sie den Zeitbereich und zu löschende Elemente gewählt, klicken Sie unten im Dialog auf die *Jetzt löschen*-Schaltfläche.

Daten beim Schließen des Browsers automatisch löschen

Wenn Sie Ihre Browserdaten regelmäßig löschen möchten, müssen Sie das nicht jedes Mal wie vorangehend beschrieben manuell erledigen. Stattdessen können Sie Edge auch so einstellen, dass bestimmte Daten der Surfsitzung jeweils beim Beenden des Browsers automatisch gelöscht werden:

1 Öffnen Sie in den Edge-Einstellungen die Rubrik *Datenschutz und Dienste.*

2 Lokalisieren Sie dort auf der rechten Seite den Abschnitt *Browserdaten löschen.*

3 Klicken Sie dort auf den Eintrag *Wählen Sie aus, was beim Schließen des Browsers gelöscht werden soll.*

4 Im anschließenden Dialog können Sie anhand der Schalter rechts auswählen, welche Art von Daten der Browser jeweils beim Beenden automatisch entfernen soll. Es werden die Daten gelöscht, bei denen das Schaltersymbol aktiviert ist. Die anderen Daten bleiben unangetastet erhalten.

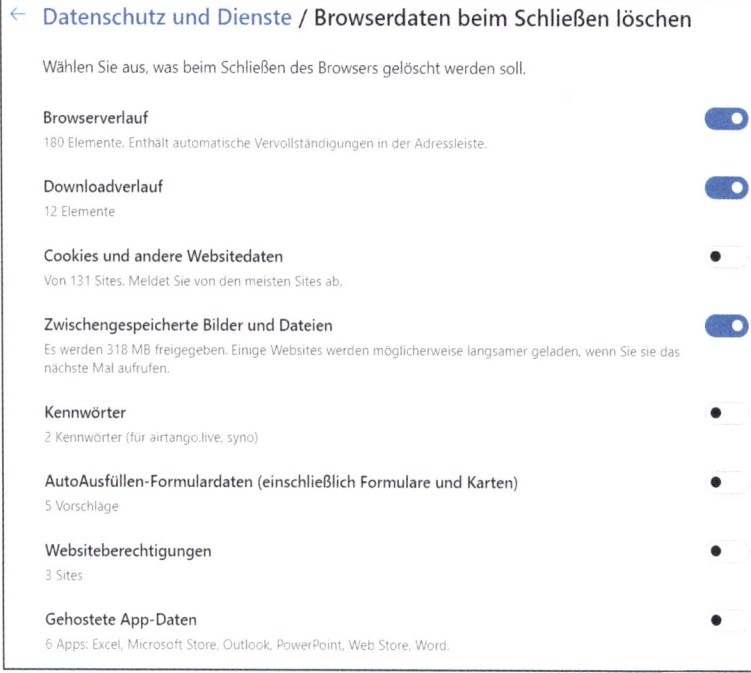

6. Daten sicher mit anderen austauschen

Das Internet verführt dazu, Daten schnell mit anderen auszutauschen. Schnell ist ein Dokument per Outlook verschickt oder Dateien sind in einen Cloud-Speicher hochgeladen und für andere freigegeben. Was man dabei leicht vergisst, ist die Vertraulichkeit solcher Daten. Denn E-Mail-Anhänge beispielsweise werden standardmäßig unverschlüsselt über mehrere Mailserver vom Absender zum Empfänger übermittelt. Auf jedem davon könnten Kopien der Dateien »abgezweigt« und erfasst werden. Im Cloud-Speicher kann zwar nicht jeder lesen, sofern Sie für den Transfer dorthin sichere HTTPS-Verbindungen verwenden. Aber Sie müssen dem Betreiber der Cloud vertrauen, dass er die abgelegten Dateien nicht analysiert und auswertet.

Man kann die Vorzüge des schnellen Datenaustausches nutzen, ohne die Nachteile in Kauf nehmen zu müssen. Das Zauberwort dafür lautet Verschlüsselung. Wenn Sie ein Dokument verschlüsseln und mit einem Passwort versehen, das nur Sie sowie ggf. der Empfänger kennen, können Sie Ihre Dateien auf beliebigen Wegen durch das Internet übermitteln. Selbst wenn jemand unterwegs Zugriff auf die Datei erlangt, kann er sie noch lange nicht öffnen und lesen. Und gleichzeitig sind Dokumente dadurch auch davor geschützt, manipuliert zu werden oder anderweitig in die falschen Hände zu geraten.

Dateien mit 7-Zip verschlüsseln

ZIP-Kompression eignet sich nicht nur gut, um große Dateien oder auch umfangreichere Verzeichnisse in eine Archivdatei zu verpacken, bevor man sie per Internet weitergibt. Will man vermeiden, dass die verpackten Dateien in falsche Hände geraten, kann man sie auch mit einem Passwort versehen. Zwar lässt sich ein so geschütztes Archiv auch ohne Kennwort öffnen, und die Namen der enthaltenen Dateien und Ordner lassen sich lesen. Aber zum Entpacken und Betrachten des Inhalts enthaltener Dateien muss man das richtige Passwort eingeben.

Mit der in den Windows-Explorer integrierten ZIP-Funktion kann man aber leider nur Archive ohne Passwort erstellen. Für ZIP-Archive mit Passwortschutz eignet sich beispielsweise die kostenlose Alternative 7-Zip (www.7-zip.de). Sie bietet darüber hinaus weitere Komfortfunktionen und kann sich auf Wunsch ebenfalls in die Kontextmenüs des Windows-Explorer integrieren. Um damit ein verschlüsseltes Archiv zu erstellen, gehen Sie so vor:

1 Starten Sie 7-Zip und navigieren Sie damit zu dem Ordner, in dem sich die zu verschlüsselnden Dateien befinden.

2 Markieren Sie die Dateien, die Sie archivieren möchten, und klicken Sie dann oben links auf *Hinzufügen*.

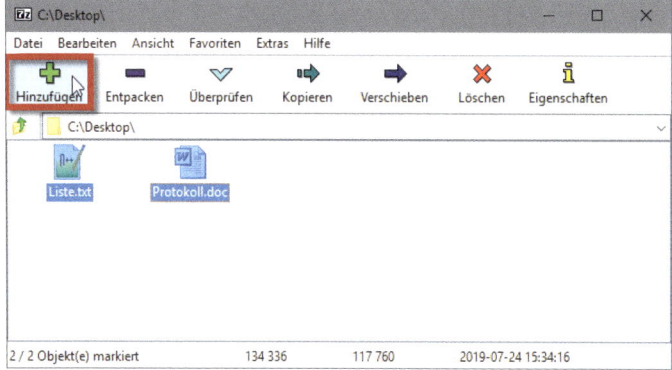

3 Im anschließenden Dialog geben Sie oben links zunächst den gewünschten Namen für die zu erstellende Archivdatei an, wobei Sie auch den automatischen Vorschlag des Programms übernehmen können.

4 Alles (wesentlich) Weitere wird rechts unten im Bereich *Verschlüsselung* erledigt. Hier geben Sie das gewünschte Passwort zweimal ein. Alternativ setzen Sie ein Häkchen bei *Passwort anzeigen*. Dann wird das Kennwort im Klartext dargestellt und Sie brauchen es auch nur einmal einzutippen.

5 Bei der Einstellung *Verfahren* sollten Sie es für Standard-ZIP-Archive bei *ZipCrypto* belassen.

6 Klicken Sie schließlich ganz unten auf *OK*, um das passwortgeschützte Archiv zu erstellen.

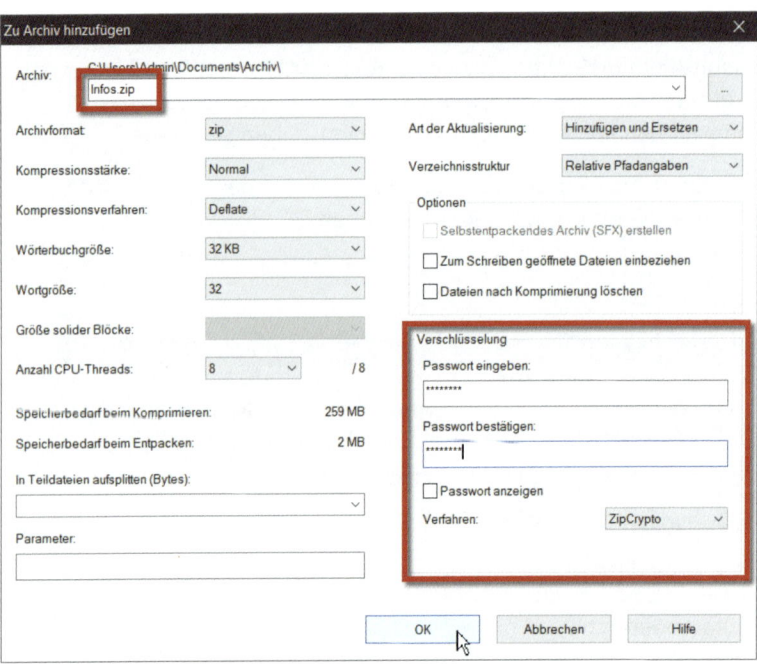

Die so entstandene Archivdatei können Sie bedenkenlos per E-Mail versenden, zum Cloud-Speicher hochladen oder über öffentliche Übermittlungsdienste wie wetransfer.com übermitteln. Ohne Kenntnis des Kennworts kann die Datei zwar abgefangen werden, aber wer auch immer das tut, kann mit dem Inhalt nichts anfangen. Dem berechtigten Empfänger müssen Sie das verwendete Passwort selbstverständlich zukommen lassen. Wenn es nicht ohnehin vereinbart ist, senden Sie es keinesfalls mit der Datei mit, sondern wählen Sie dafür einen unabhängigen Übertragungskanal wie Telefon, SMS oder Ähnliches.

Der Empfänger muss übrigens auch nicht unbedingt 7-Zip installieren, um den Inhalt des Archivs öffnen zu können. Dafür reicht (unter Windows) der Windows-Explorer. Der kann zwar selbst keine Archive verschlüsseln, aber mit bereits verschlüsselten Archiven kommt er klar und fragt das Passwort beim Öffnen ab.

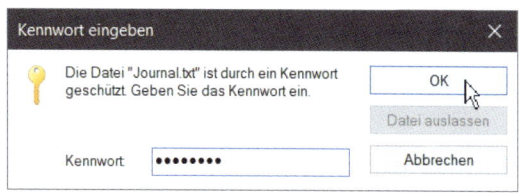

Cloud-Speicher mit Boxcryptor sicher nutzen

Cloud-Speicher ist praktisch und unter Sicherheitsaspekten auch sinnvoll, da er das Speichern einer Kopie »außerhalb« ermöglicht, durch die man wichtige Daten vor Diebstahl, Feuer oder Wasserschäden schützen kann. Ein großer Nachteil ist allerdings, dass man seine Daten dazu auf einem fremden Server ablegen muss. Dort können sie zumindest vom Betreiber eingesehen werden. Durch Sicherheitslücken kann es außerdem passieren, dass andere Benutzer Zugriff erlangen oder sie bei Hackerangriffen in falsche Hände gelangen.

Alles das kann man aber vermeiden, indem man die Daten vor dem Transfer in die Cloud verschlüsselt. So liegt dort immer nur eine sicher verschlüsselte Kopie vor. Selbst wenn die in falsche Hände gelangt, kann ohne den dazugehörenden Schlüssel niemand etwas damit anfangen.

Nun klingt es zunächst mal kompliziert, Dateien immer erst ver- und später wieder entschlüsseln zu müssen. Aber eine Software wie Boxcryptor kann genau das automatisieren. Boxcryptor ist u. a. für Windows, macOS, Android

und iOS verfügbar (boxcryptor.com) und richtet auf Ihrem Gerät ein zusätzliches virtuelles Laufwerk ein. Alles, was Sie darin speichern, wird verschlüsselt und an den eingerichteten Cloud-Dienst übertragen. Von dort kann es auf demselben oder auch einem anderen Gerät jederzeit wieder abgerufen werden, wobei die Daten automatisch wieder entschlüsselt werden. Boxcryptor kann also auch zum sicheren Austausch von Daten zwischen verschiedenen Geräten genutzt werden.

Boxcryptor einrichten

Nach dem Installieren werden Sie beim ersten Start von Boxcryptor aufgefordert, ein Benutzerkonto anzulegen. Ähnlich wie bei Windows kann man dabei ein Online- oder ein lokales Konto verwenden. Wenn Sie Boxcryptor nur auf einem Gerät einsetzen möchten, reicht ein lokales Konto zunächst aus. Später können Sie dieses bei Bedarf immer noch in ein Onlinekonto mit Synchronisierungsfunktion umwandeln.

1 Klicken Sie dazu im *Anmelden*-Dialog auf das Menüsymbol oben rechts.

2 Wählen Sie im Menü *Lokales Konto* aus.

3 Klicken Sie im anschließenden Dialog ganz unten auf *Ich möchte ein lokales Konto verwenden*.

4 Klicken Sie dann auf die Schaltfläche *Neue Schlüsseldatei erstellen*, um einen Schlüssel für das Ver- und Entschlüsseln Ihrer Dokumente im Boxcryptor-Container zu generieren. Wählen Sie aus, wo die Datei mit diesem Schlüssel gespeichert werden soll.

5 Geben Sie dann ein sicheres Passwort ein, mit dem der Zugriff auf die Schlüsseldatei geschützt wird.

Anschließend richtet Boxcryptor ein virtuelles Laufwerk ein, das Sie im Explorer bzw. einem entsprechenden Dateimanager jederzeit verwenden können. Installieren Sie Boxcryptor in Windows mit Microsoft-Konto, wird der in Ihrem Microsoft-Konto enthaltene OneDrive-Speicher automatisch eingebunden. Bei der Boxcryptor-App für Android beispielsweise können Sie stattdessen auswählen, welche Art von Cloud-Speicher (beispielsweise Dropbox, Google Drive, Amazon S3, MagentaCLOUD, Nextcloud usw.) Sie einbinden möchten. Bei iOS- und macOS-Geräten wird natürlich auch iCloud angeboten.

Boxcryptor selbst finden Sie zumindest am Windows-PC als Symbol im Infobereich der Taskleiste vor. Darüber können Sie das virtuelle Laufwerk jederzeit schnell auf den Bildschirm holen und auch auf die Einstellungen zugreifen.

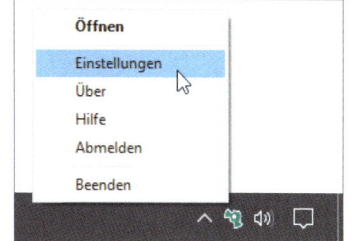

Beschränkungen der kostenlosen Version

Die kostenlose Version von Boxcryptor für den privaten Gebrauch ist funktionell etwas eingeschränkt. Man kann genau einen Cloud-Speicher einbinden und Boxcryptor auf bis zu zwei Geräten nutzen. So kann man beispielsweise auch zwischen PC und Smartphone sicher synchronisieren, also durchaus praktisch damit arbeiten. Abgesehen von diesen Einschränkungen ist die kostenlose Version identisch und verwendet dieselbe starke Verschlüsselung. Wer mehr Geräte oder weitere Onlinespeicher nutzen möchte, kann für wenige Euro pro Monat den Dienst abonnieren und dann unbeschränkt nutzen.

Einen Cloud-Dienst einrichten

Um einen Cloud-Dienst in Boxcryptor einzurichten, benötigen Sie die Zugangsdaten für diesen Anbieter, also in der Regel einen Benutzernamen (bzw. E-Mail-Adresse) und ein Kennwort. Sollten Sie für diesen Dienst eine Zwei-Faktor-Authentifizierung eingerichtet haben, wird ggf. auch diese benötigt. Boxcryptor erstellt also kein Cloud-Speicher-Konto für Sie, sondern ist auf ein bereits vorhandenes angewiesen.

1 Klicken bzw. tippen Sie in den Einstellungen von Boxcryptor unter *Speicherorte* auf das *Hinzufügen*-Symbol.

2 Wählen Sie dann in der Liste den Cloud-Anbieter aus, bei dem Sie ein Konto haben.

3 Der weitere Ablauf hängt im Detail vom Anmeldeprozess des jeweiligen Anbieters ab und sieht deshalb jeweils etwas anders aus. Im Prinzip geben Sie aber die Zugangsdaten ein, die Sie von diesem Anbieter erhalten haben. Das sind in der Regel Benutzername und Passwort, mit denen Sie sich beispielsweise auch

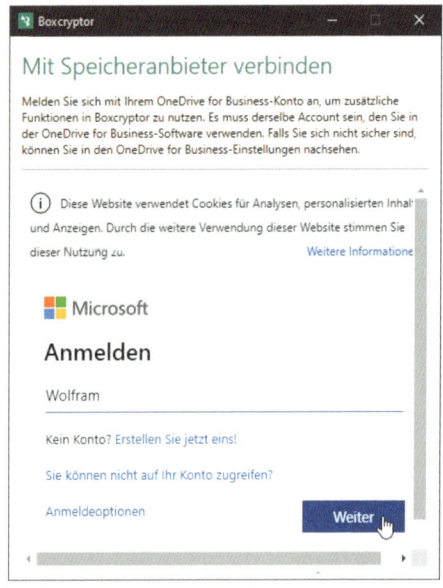

per Webbrowser anmelden würden. Manche Anbieter stellen aber auch spezielle Zugangsschlüssel für Anwendungen wie Boxcryptor bereit.

4 Einige Anbieter sehen ggf. einen weiteren Bestätigungsschritt vor. Bei Google Drive etwa wird der Vorgang auf Mobilgeräten, die mit diesem Konto verbunden sind, gemeldet und kann dort bestätigt werden. Gegebenenfalls erhalten Sie auch eine E-Mail mit einem Bestätigungslink, der zunächst angeklickt werden muss.

5 Bei einigen Anbietern erhalten Sie außerdem eine Übersicht, welche Berechtigungen Boxcryptor für diesen Dienst anfordert, und müssen dies nochmals ausdrücklich bestätigen.

6 Hat alles geklappt, finden Sie im virtuellen Boxcryptor-Laufwerk anschließend einen neuen Ordner für diesen Speicherdienst vor. So können Sie beim Verwenden mehrerer Cloud-Speicher steuern, welche Dateien in welcher Cloud gespeichert werden.

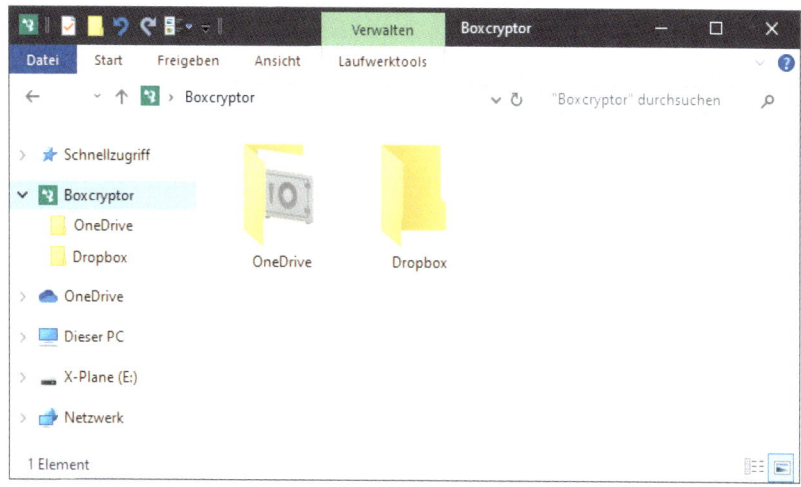

Boxcryptor im praktischen Einsatz

Einmal eingerichtet, können Sie jederzeit Dateien und Ordner im virtuellen Laufwerk bzw. dessen Unterordnern ablegen. Wichtig ist dabei Folgendes: Die Inhalte dort werden nicht automatisch verschlüsselt. Wenn Sie das möchten, müssen Sie es beim ersten Anlegen, Verschieben oder Kopieren eines Ordners oder einer Datei angeben. Ab dann wird dieses Objekt in Zukunft immer verschlüsselt.

Um Dateien oder Ordner in den Boxcryptor-Cloud-Speicher zu befördern, stehen Ihnen die verschiedenen Möglichkeiten des jeweiligen Betriebssystems zur Verfügung:

- Unter Windows können Sie beispielsweise Drag-and-drop per Maus oder auch die Zwischenablage zum Kopieren und Einfügen nutzen.

- Bei Android bringt die Boxcryptor-App selbst einen einfachen Dateimanager mit. Außerdem können Sie jederzeit die *Teilen*-Funktion des Betriebssystems nutzen, wo Boxcryptor als Ziel ausgewählt werden kann.

- Auch die iOS-App hat einen einfachen Dateimanager eingebaut, der das Kopieren und Verschieben von Fotos und Dokumenten ermöglicht.

- Wann immer Sie einen Ordner oder eine Datei in den Boxcryptor-Speicher kopieren oder verschieben, werden Sie darauf aufmerksam gemacht, dass die Dateien standardmäßig nicht verschlüsselt werden. Wollen Sie in diesem Fall *Verschlüsseln*, bestätigen Sie dies einfach. Dann wird dieses Objekt in Zukunft automatisch ver- bzw. bei Bedarf entschlüsselt.

> **Datei verschlüsseln**
>
> Der Ordner **Wolfram Gieseke** ist nicht verschlüsselt. Möchten Sie die Dateien dennoch vor dem Hochladen **verschlüsseln**?
>
> VERSCHLÜSSELN
>
> NICHT VERSCHLÜSSELN

- Sollten Sie sich erst nachträglich zum Verschlüsseln entschließen, öffnen Sie beispielsweise in Windows das Kontextmenü für die Datei(en) bzw. Ordner und wählen Sie darin *Boxcryptor/Verschlüsseln*. Auf die gleiche Weise können Sie Objekte auch wieder auf Dauer entschlüsseln, nur, dass sich im Kontextmenü dann der Befehl *Entschlüsseln* findet.

7. Datenschutzeinstellungen per Programm

Zum Abschluss und »Abrunden« dieses Ratgebers möchte ich Ihnen ein Programm vorstellen, mit dem Sie sich den Umgang mit den datenschutzrelevanten Funktionen von Windows erleichtern können. Es handelt sich dabei um das kostenlose *O&O Shutup10*. Dieses Programm kennt einen großen Teil dieser Optionen und erlaubt es, diese in einer einheitlichen, komfortablen Oberfläche einzustellen. Zusätzlich bietet das Programm kompakte Erläuterungen zu diesen Einstellungen an und bringt Empfehlungen mit, durch die Sie Windows 10 mit wenigen Mausklicks sinnvoll auf Verschwiegenheit trimmen können.

Datenschutz-Tools: Vor- und Nachteile

Auf den ersten Blick hört sich so ein Tool praktisch an und sicher ist es das auch, wenn man schnell Einstellungen erhalten möchte, die das Verhalten von Windows 10 einigermaßen datenschutzkompatibel gestalten. Allerdings bedeutet ein solches Programm auch immer, dass man sich mit den Grenzen abfinden muss, die von den Entwicklern dieses Produkts aufgestellt wurden:

- Das Programm kennt zwar viele, aber eben nicht alle relevanten Einstellungen.

- Die Beschreibungen zu den einzelnen Einstellungen sind knapp gehalten. Sie sind nie völlig falsch, aber teilweise etwas zu verkürzt oder missverständlich. Man muss manchmal zwischen den Zeilen lesen bzw. benötigt Hintergrundwissen, um die Beschreibungen richtig einordnen zu können.

- Die vorgefertigten Empfehlungen sind pauschale Lösungen, die für eine Vielzahl von Anwendern »ganz okay« sind, aber für niemanden wirklich perfekt. Außerdem sind es subjektive Einschätzungen der Entwickler, denen so sicher nicht jeder zustimmen würde.

- Man muss sich darauf verlassen, dass das Programm seine Aufgabe kompetent und zuverlässig erfüllt.

Es spricht sicher nichts dagegen, ein solches Programm einzusetzen, sonst würde ich es an dieser Stelle auch nicht vorstellen. Aber ich halte es für sinnvoller, sich zuvor mit den vielen Einstellungen in Windows und deren Bedeutung sowie Auswirkungen vertraut zu machen. Dann können Sie informierte Entscheidungen im Sinne Ihrer individuellen Anforderungen treffen. Wenn Sie sich mit diesem Wissen die einheitliche, kompakte Oberfläche des Programms für einen schnellen Zugang zu vielen Funktionen zunutze machen, ist das keine schlechte Idee.

O&O ShutUp10 installieren

Sie können das Programm unter www.oo-software.com/de/ shutup10 herunterladen und uneingeschränkt kostenlos nutzen. Es besteht nur aus der Programmdatei *OOSU10.exe*. Eine Installation im eigentlichen Sinn ist nicht notwendig. Um das Programm zu starten, führen Sie einfach die Programmdatei aus.

Ohne Installation hinterlässt das Programm keine Spuren in der Windows-Registry oder den Systemdateien. Sie können es jederzeit wieder entfernen, indem Sie den angelegten Ordner löschen. Die mittels des Programms beeinflussten Windows-Optionen werden durch das Löschen des Programms nicht verändert, bleiben also auf den zuletzt (ggf. durch das Programm) gewählten Einstellungen.

Einzelne Einstellungen individuell vornehmen

Die Oberfläche des Programms besteht aus einer langen Liste von Einstellungen, die in verschiedene Bereiche unterteilt ist. Zu jedem Eintrag finden Sie am linken Rand ein Schaltersymbol. Ist der Schalter nach links gesetzt und das Symbol rot, ist diese Programmoption nicht deaktiviert. Schalten Sie eine Einstellung ein, wird der Schalter nach rechts gesetzt und das ganze Symbol grün. Mit der Interpretation dieses Verhaltens muss man etwas vorsichtig sein. Nehmen wir als Beispiel die Einstellung *Windows Defender deaktivieren*. Damit können Sie den Windows Defender abschalten. Ist diese Einstellung des Programms **nicht** eingeschaltet, bedeutet das, das Programm hat den Windows

Defender **nicht** deaktiviert, er ist also aktiv. Um den Windows Defender zu deaktivieren, müssten Sie also diese Einstellung des Programms einschalten.

Nebenbei bemerkt: Den Windows Defender sollten Sie auf diese Weise keinesfalls deaktivieren. Er sollte nur abgeschaltet werden, wenn stattdessen ein anderes Antivirenprogramm installiert wurde. Dann deaktiviert Windows den Defender aber ohnehin automatisch. Das ist eines der Beispiele, bei denen O&O ShutUp10 etwas »streitbar« ist.

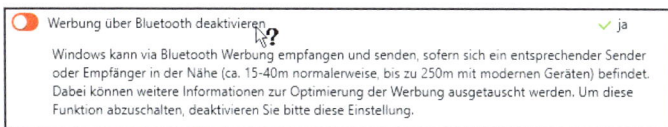

Wenn Sie sich über die Bedeutung einer Option im Unklaren sind, klicken Sie auf den Namen der Einstellung. Dadurch klappen Sie eine kurze Beschreibung dieser Einstellung aus. Ein erneuter Klick versteckt die Erklärung wieder.

Automatisch optimaler Datenschutz

Neben dem Zugriff auf die einzelnen Funktionen bietet das Programm so etwas wie vorgefertigte Profile. Damit können Sie mit einem Schlag alle Optionen nach einer bestimmten Vorgabe einstellen. O&O ShutUp10 kennt drei solcher Profile:

- *Nur empfohlene Einstellungen anwenden*
  Bei diesem Profil nimmt das Programm solche Einstellungen vor, die die Entwickler uneingeschränkt empfehlen, weil sie den Datenschutz erhöhen, aber keine Funktionen einschränken.

- *Empfohlene und eingeschränkt empfohlene Einstellungen*
  Mit diesem Profil werden zusätzlich einige Einstellungen vorgenommen, die bestimmte Funktionen von Windows deaktivieren oder zumindest einschränken.

- *Alle Einstellungen anwenden*
  Hiermit werden alle Einstellungen des Programms auf einen Schlag aktiviert. Dies wirkt sich auch auf sicherheitsrelevante Funktionen von Windows wie etwa Update, Defender und SmartScreen-Filter aus. Deshalb sollte dieses Profil sinnvollerweise nicht zum Einsatz kommen.

Wie sich die verschiedenen Profile konkret auswirken, können Sie in der Liste der Einstellungen ablesen. Bei jeder Einstellung finden Sie rechts ein Symbol für das Profil, mit dem diese Einstellung aktiviert werden würde:

- grünes Häkchen für empfohlen,

- gelbes Dreieck für eingeschränkt empfohlen,

- rotes Ausrufezeichen für alle Einstellungen.

So können Sie sich einen Eindruck verschaffen, ob etwa die empfohlenen Einstellungen Ihren Anforderungen genügen.

Um eines dieser Profile zu aktivieren, klicken Sie oben in der Menüleiste auf *Aktionen* und wählen dann im so aufgeklappten Menü den entsprechenden Eintrag. Das Programm führt nun alle zu diesem Programm gehörenden Einstellungen durch.

Es spricht übrigens nichts dagegen, zunächst eines der Profile für eine schnelle Basiseinstellung zu verwenden und anschließend die einzelnen Einstellungen nach Bedarf den eigenen Vorstellungen anzupassen.

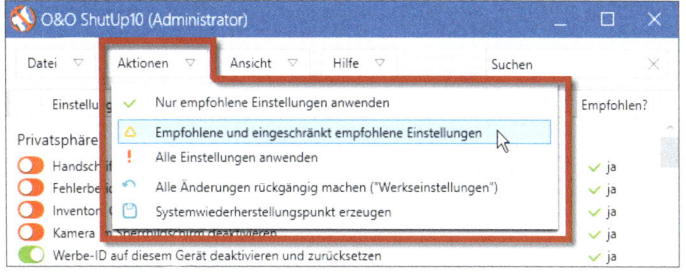

Werkseinstellungen – zurück auf Anfang

Sollten Sie in der Vielzahl der Einstellungen doch mal den Überblick verloren haben, gibt es einen praktischen »Werks-Reset«. Dieser stellt alle Optionen, die das Programm berücksichtigen kann, auf den Zustand zurück, in dem sie mit Windows standardmäßig installiert werden:

1 Klicken Sie in der Menüleiste auf *Aktionen*.

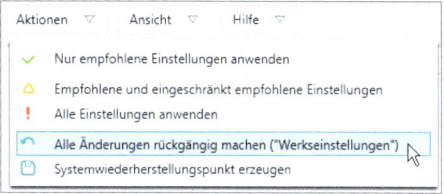

2 Wählen Sie im so geöffneten Menü den Punkt *Alle Änderungen rückgängig machen ("Werkseinstellungen")*.

3 Das Programm fragt vor so weitreichenden Änderungen sicherheitshalber noch einmal nach. Bestätigen Sie die Rückfrage mit *Ja*, um endgültig zu den Werkseinstellungen zurückzukehren.

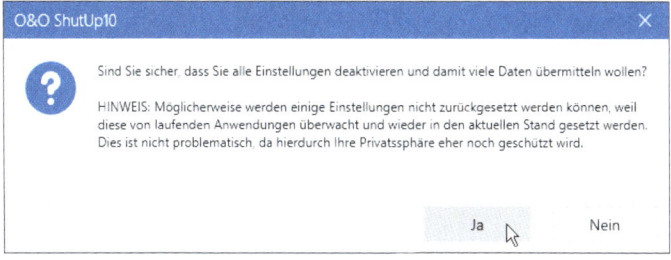